낙랑의 실체를 파헤친 저자 심백강!!

현재 중국 요서의 대릉하가 한나라때는 백랑수   ... ...요하 상류의 시라무렌강이 요락수
였다. 따라서 낙랑군이란 지명은 요락수와 백랑수에서 유래한 것이다. 이 지역에 수도가
있던 고조선을 멸망시키고 한사군을 설치하면서 조선이라는 이름을 사용하기 싫었던 한
무제는 요락수의 '낙' 자와 백랑수의 '랑' 자를 결합해서 만든 낙랑군이란 지명을 한사군
의 하나로 채택했던 것이다.

낙랑군의 위치

황하에서
춘라까지

황하에서 한라까지

2000년 만에 밝혀지는 한민족의 역사

심백강 지음

왜 황하에서 한라까지인가

중국은 동북공정을 통해 고구려는 중국의 지방정권이고 수·당과 고구려의 전쟁은 국내의 통일 전쟁이라고 강변한다. 이러한 논리를 고조선·부여·발해 등 한국 고대사 전반으로 확대 적용시켜 '한국사는 중국사'라는 억지 주장을 펴고 있다.

그런데 이러한 허구적 주장이 어느 한 민족주의자의 의견이 아닌 중국 정부가 국책 사업으로 추진하는 동북공정의 공식 입장이라는 데 문제의 심각성이 있다.

한민족의 역사 주권을 황하 유역까지 확대해석 할 경우, 혹시 동북공정의 맞대응을 위해 또 하나의 허구적인 논리를 양산하는 것으로 오해할 소지도 없지 않다. 그러나 이는 동북공정의 억지 논리와는 전혀 차원을 달리한다.

동이족들은 한 왕조 이전에 화하족보다 한 발 앞서 중원에 진출하여 황하를 지배했다. "순(舜)은 동이지인(東夷之人)이라."고 맹자가 말했다. 은(殷)나라가 동이족이었다는 사실은 "은의 주왕은 그 수가 억조에 달하는 동이족의 지도자이다.(紂有億兆夷人)"라는 『서경』의 기록에서 여실히 증명된다.

그리고 한 왕조 해체 이후 선비족의 북위정권을 비롯해서 수은 동이족들이 다시 황하의 주인노릇을 하였다. 불과 백 년 전까지도 동이족인 청나라가 황하의 주인으로 한족을 지배하였다.

동이족은 그 기원을 따져보면 예·맥·한(韓)족에 뿌리를 두고 있다. 광의적으로 말하면 동이족은 곧 한민족이라는 등식의 성립이 가능하다. 따라서 한민족이 황하를 지배했다는 논리는 전혀 허구가 아니고 역사적 사실이다.

황하를 영토 개념이 아닌 문화적 개념으로 접근할 때 그 사실은 더욱 명확해진다. 대륙의 젖줄인 황하에서 꽃핀 황하문명은 동아시아를 대표하는 문명으로 상징된다. 그러나 중국 대륙을 지배한 황하문명을 낳은 모체는 요하문명이다. 황하의 앙소문화는 기원전 6000년 경에 시작되었지만 요하의 홍산문화는 그 시원이 기원전 8000년~7000년 경으로 거슬러 올라간다. 그것은 요서의 부신(阜新) 사해(查海) 문화를 통해서 확인 된다.

요하문명의 토양위에서 황하문명이 뿌리를 내렸으며 요하문명이 존재하지 않았다면 오늘의 황하문명은 태어날 수 없었다. 결국 동아시아를 지배한 것은 황하문명이지만 황하문명을 지배한 것은 요하문명이다. 그런데 요하문명을 창조한 주역은 동이족이었고 동이족의 중심에는 한민족이 있다.

이런 차원에서 볼 때, 한민족의 역사영토·문화영토는 남으로 독도·한라에서 북으로 난하를 넘어 황하 유역까지 확대된다. 다만 그동안 우리는 대륙을 지배한 황하문명의 위대성은 인식하면서도 황하문명을 탄생시킨 요하문명과 그 주역 한민족의 존재를 망각하고 있었을 뿐이다.

2000년 만에 밝혀진 새로운 사실들

이 책은 우리들 기억 속에서 잊혀졌던 황하의 첫 주인인 동이족과, 한민족이 주역이 되어 창조한 요하문명을 사대사관과 식민사관의 짙게 싸인 먼지를 털어 내고 문헌학과 고고학의 뒷받침을 빌어 되살리는 작업의 첫 결과물이다.

그 주된 내용을 짚어 보면 동아시아 문명의 서광으로 말해지는 홍산문화가, 그 창조의 주역은 한(漢)족이 아닌 우리 한(韓)민족이라는 사실을 체계적으로 밝혔다.

기원전 1100년 경 동북아의 패자로 군림했던 고대한국이 오늘의 북경 부근에 있었던 사실도 알아냈다. 그동안 베일에 가려졌던 고조선에 대해서도 다각적인 분석과 검증을 통해 그 발상지를 새로 찾아냈다. 무엇보다 큰 성과는 한국 고대사 연구의 분수령인 한사군의 낙랑군에 대해 누구도 부인할 수 없는 결정적인 근거를 가지고 그것이 평양의 대동강 유역이 아닌 요서의 대릉하 유역에 있었다는 사실을 밝힘으로써 반도사관의 틀을 깨준 것이다.

이러한 결론들은 하나하나 『사고전서』와 같은 중국에서도 가장 권위있는 역사서에서 관련 자료들을 찾아 정확한 해석과 고증을 하고, 또 고고학의 뒷받침을 받아 얻어진 해답이라는 사실에 주목할 필요가 있다.

이 책이 지닌 의미와 가치

　사마천의 『사기』는 황제(黃帝)로 첫 페이지를 장식한다. 동이족으로 알려진 복희와 소호는 제외하고 황제에 뿌리를 두고 있는 화하족을 중심에 놓고 그 뻗어나간 가지를 밝혔다. 『일본서기』는 신공황후의 삼한 정벌론과 임나 일본부설을 담고 있다. 일본인을 우월한 존재로 정점에 두고 그 변천과정을 그렸다.

　『삼국사기』와 『삼국유사』는 한국의 대표적인 고대 사서이다. 그러나 이 책은 책 이름에서 보듯이 삼국시대를 상한선으로 삼고 있으며　한민족의 반만년 역사를 체계적으로 기술한 사서가 아니다. 한마디로 『삼국사기』와 『삼국유사』로는 우리 민족의 뿌리와 실체를 제대로 확인할 길이 없다. 한민족의 뿌리를 시원하게 밝힌 이 책은 우리 고대사가 직면하고 있는 이런 공백을 메우고 결함을 보완하는데 크게 도움을 줄 수 있다. 이제 우리는 중국의 『사기』와 일본의 『일본서기』에 해당하는 고대사서가 없다는 사실을 고민하지 않아도 될 것이다.

다시 일어서자! 21세기 동북아의 주역으로

발해 유역을 끼고 있는 한반도·산동반도·요동반도는 원래 동이족의 주요 활동 무대였다. 그러나 지금은 산동반도·요동반도는 모두 중국의 영토로 바뀌었다. 숙신·동호·산융·선비·거란·여진 이들은 본래 한민족의 형제들이다. 그러나 이들의 존재는 지금 역사상에서만 찾아 볼 수 있다. 중국이라는 괴물이 모두 삼켜 버렸기 때문이다. 이제 중국은 동북공정을 통해 동이족의 마지막 남은 보루라 할 한민족마저 집어삼킬 태세를 취하고 있다.

지금 우리 국토의 최남단 독도는 일본에 의한 영토분쟁에 시달리고 있다. 우리 민족의 북방 영토는 또 국경을 맞댄 중국에 의해 역사 주권에 대한 침해를 받고 있다.

지난날 동북아의 문명을 탄생시킨 주역으로 남쪽의 한라에서 북으로 황하까지 문화적 지배권을 행사하던 한민족, 이제 손바닥만한 좁은 땅덩어리마저 지켜 낼 여력이 없어 남북으로 협공을 당하는 신세가 된 것이 안타깝다.

그러나 "물극필반(物極必返)", 모든 사물은 극점에 도달하면 원점으로 환원하는 것이 자연의 이치라고 『주역』에서 가르친다. 그런 점에서 중국의 동북공정은 우리에게 위기인 동시에 다른 한편으론 기회로 다가온다. 그것은 최근 한국사의 역사 상한을 기원전 20세기로 끌어올린 국사교과서 개정 작업이 잘 대변해 준다.

순환과 반전은 역사의 법칙이다. 고조선 멸망이후 2000년 가까이 한민족보다 한족이 동아시아를 주도적으로 지배해온 것이 사실이다. 이제 새로운 21세기의 개막과 함께 화하족보다 한발 앞서 대륙을 지배한 동이족, 황하문명을 잉태시킨 요하문명의 역사가 2000년 만에 다시 밝혀지게 되는 것은 역사의 순환법칙에서 볼 때 매우 중요한 의미를 지닌다.

21세기에 동북아의 새로운 번영을 위해 갈등이 아닌 화해의 신문명을 여는 주역으로 우리 한민족이 거듭나는 첫 발걸음을 내딛는데 본서가 디딤돌 역할을 하게 되기를 기대한다.

끝으로 평소 우리 고대사를 체계적으로 정리해 보겠다고 벼르면서도 얼른 용기를 내지 못했던 것은 주로 상상에 의존하는 문학과 달리 역사서는 정확한 사료의 뒷받침을 요하는 작업이기 때문이었다. 그런데 이번에 중국의 동북공정에 자극을 받아 서둘러 책을 내다보니 여러가지 미진한 점이 많다. 그러나 부족한 줄 알면서도 그대로 세상에 내놓는 것은 인생은 수정이 불가능하지만 책은 수정보완이 가능하다는 사실을 믿는 까닭이다. 독자들의 아낌없는 지정(指正)을 당부드린다.

2007년 3월 1일

서초동 우거(寓居)에서 **심 백 강** 씀

1
아직도 청산되지 않은 식민사관

1. 낙랑은 한국 고대사 연구의 분수령

주몽이 고구려를 세우기 60여 년 전인 기원전 108년, 위만조선의 수도 왕검성(王儉城)이 한나라 무제에게 함락된다. 그 후 무제는 고조선 땅을 네 등분해서 한의 행정구역인 '군'을 설치하여 자국의 79개 군현 체제로 편입시킨다. 이것이 낙랑군·임둔군·진번군·현도군의 한사군이다.

오늘날 직접적인 자료가 충분치 않아 한사군의 위치를 정확히 알 수 없다. 현재로서는 진번군과 임둔군의 소재지를 밝힐 수 있는 길은 막연하다. 그나마 낙랑군은 여러 경로를 통해 어느 정도

난하 이곳이 동북과 중원을 가르는 분기점이다

위치 파악이 가능한데, 그 후보지가 한반도 내 대동강 유역과 한반도 바깥 중국 난하 유역으로 압축된다.

낙랑군의 군청소재지는 조선현(朝鮮縣)이었다. 고조선 멸망 후 설치된 한사군의 하나인 낙랑군에 '조선'이라 이름 붙은 현이 있었다는 사실은 이곳이 바로 한사군의 중심지였음을 말해 준다.

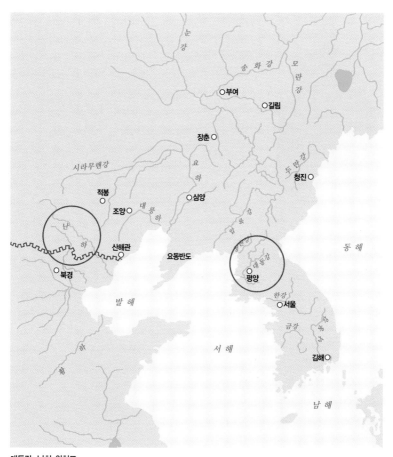

대동강·난하 위치도

만일 한사군 중에서도 중추적 역할을 하던 낙랑군이 평안남도 대동강 유역에 있었다면 자연히 나머지 세 군의 위치도 한반도 주변이 된다. 반면 낙랑군이 난하 유역에 있었다면 당연히 한사군의 위치는 중국대륙 쪽이라고 보아야 한다. 그리고 고조선의 영토를 분할하여 설치한 것이 한사군이므로, 낙랑군이 어디에

단군 영정

있었는가에 따라 고조선의 위치와 우리 고대사의 무대 범위가 결정된다.

낙랑군이 대동강 유역에 있었다면 단군조선·기자조선·위만조선으로 이어지는 고조선과 그 뒤를 이어 일어난 삼한·부여·고구려·백제·신라 등의 역사영토가 모두 한반도로 국한되고, 난하 유역에 있었다면 우리의 역사 영토는 한반도뿐 아니라 중국 대륙으로까지 확장되는 것이다.

뿐만 아니라 대동강 유역을 중심으로 낙랑군이 설치되었다면 한나라때 이미 중국이 한반도 지역까지 지배권을 행사한 것이 되고, 난하 유역을 중심으로 낙랑군이 설치되었다면 한사군은 중국 대륙 안에서 일어난 일로 한반도와는 전혀 무관한 것이 된다.

여기서 우리는 한국사가 한반도를 중심으로 형성된 반도사냐 아니면 한반도를 넘어 대륙으로 이어진 대륙사냐 하는 중대한 문제가 바로 낙랑에 의해서 좌우된다는 사실을 알 수 있다. 이처럼 낙랑에 의해서 한국사의 판도가 뒤바뀌기 때문에 우리는 낙랑을 한국 고대사 연구의 분수령이라고 말할 수 있는 것이다.

기자 초상

대동강 상류

2. 일본이 범한 오류

베일에 가려진 2000년 고조선
사의 비밀을 풀 수 있는 열쇠를 쥐
고 있는 것이 바로 한사군의 낙랑
군이라 해도 지나친 말이 아니다.
그런데 일제 강점기에 일본인들이
대동강 남쪽 연안의 토성리 일대
를 발굴하고서 그곳이 한사군의
낙랑군지역이자 조선현이 있던 곳
이라고 발표하였다. 거기서 낙랑

낙랑토성 평남 대동군 대동면 토성리에 있다

예관(樂浪禮官) · 낙랑부귀(樂浪富貴) 등의 명문이 있는 와당과, 낙
랑태수장(樂浪太守章) · 낙랑대윤(樂浪大尹) · 낙랑우위(樂浪右尉) 등
의 문자가 새겨진 봉니(封泥)가 나왔다는 것이 그 근거였다.

그러나 일본인들은 큰 오류를 범했다. 그들은 한가지 중대한
사실, 즉 같은 시기에 중국 대륙에 존재한 한사군의 낙랑과 더불
어 남쪽 대동강변에 최리(崔理)가 다스리는 또 다른 낙랑국이 있
었다는 사실을 간과하였기 때문이다.

3. 남낙랑과 북낙랑

『삼국사기』「고구려본기」 대무신왕 15년 조에는 다음과 같은 내용이 실려 있다.

"4월에 왕자 호동(好童)이 옥저지방을 유랑하고 있었는데, 마침 낙랑왕 최리가 그곳에 행차하여 그를 보고 '그대의 얼굴을 보아 하니 보통 사람이 아닌 듯한데 혹시 북국(北國:고구려) 대무신왕의 아들이 아닌가.' 하고 묻고는 마침내 그를 데리고 돌아와 사위로 삼았다."

여기서 우리는 두 가지 사항에 주목하게 된다. 하나는 최리를 낙랑태수가 아닌 낙랑왕이라고 한 점이다. 이는 한사군의 낙랑 군과 별개의 낙랑국이 따로 존재하고 있었음을 의미한다. 다른 하나는 낙랑국왕인 최리가 고구려를 북국이라고 표현하고 있는 점으로 이는 낙랑국의 위치가 고구려의 남쪽에 있었음을 말해 준다. 낙랑왕 최리의 낙랑국이 고구려의 남쪽에 있었다면 평안 남도 대동강 유역을 그 해당지역으로 볼 수 있고, 이곳이 바로 남낙랑이었다고 하겠다.

『후한서』「동이열전」 부여 조에는 "동한(東漢) 안제(安帝) 영초 (永初) 5년(서기 111)에 부여왕이 보병과 기병 7, 8천 명을 거느리 고 낙랑을 공격하여 관리와 백성들을 살상한 뒤에 돌아갔다."는 기록이 나온다. 당시에 부여는 『후한서』「동이열전」에 언급된 국가 가운데 가장 북쪽에 위치하고 있었다.

『만주원류고』에 의하면 오늘의 요령성 개원시 북쪽 1,000여리 일대가 그 지역이었다. 그렇다면 고구려 북쪽 북만주에 있던 부여가 과연 7, 8천 명의 보병과 기병을 이끌고 요동의 고구려 영토를 거쳐 한반도 대동강 유역

흠정만주원류고 청나라 건륭황제의 명에 의하여 편찬된 사서. 중국 동북지역의 역사를 연구하는데 중요한 참고자료가 된다.

에 있는 낙랑을 공격한 후 무사히 귀환하는 것이 현실적으로 가능했을까.

북만주에 있는 부여가 중간에 가로놓인 고구려를 건너뛰어서 평안남도 대동강 유역의 낙랑군과 군사적으로 충돌했을 가능성을 논리적으로 설명하기란 쉽지 않다. 따라서 부여와 거리상으로 그다지 멀지 않은 지역에 북낙랑이 있었음이 분명하다.

그러니까 같은 시기에 중국 동북지역에는 한사군의 행정구역인 낙랑군이 존재하고, 한반도 대동강 유역에는 최리가 다스리는 낙랑왕국이 존재하여 남과 북에 각각 다른 두 개의 낙랑이 공존하고 있었던 것이다. 남쪽의 낙랑이 북쪽의 낙랑군과 달리 국가라고 칭했던 것은 중국과 왕래가 없는 상태에서 중국과 무관하게 독립적인 정치 기반을 구축하고 있었기 때문일 것이다.

그런데 한국 고대사에서 동일한 국가명이나 지명이 남과 북에 공존한 이런 경우는 비단 낙랑에만 국한된 것은 아니다. 지금의 요하 동쪽에 고구려국이 있던 시기에 그 북쪽의 현도군에는 고

구려현이 있었다. 같은 시대에 동일하게 고구려라 불렸지만 하나는 국가명이고 다른 하나는 서한의 행정구역 명칭이었다. 그밖에도 북부여와 남부여, 북옥저와 남옥저, 북예와 동예, 북대방과 남대방 등 동일한 지명이나 국가명이 남북으로 나뉘어 사용된 경우가 허다하다.

이는 고대사회에서 어느 한 지역에 있던 토착세력이 사정상 그곳에서 다른 지역으로 이동해 가게 되면 본래 자신들이 살던 곳의 지명까지 함께 가지고 가서 사용한 것과 관련이 있다. 그렇다면 북낙랑과 남낙랑은 어째서 둘로 나뉘어 존재하게 되었을까.

한나라 무제가 고조선을 멸망시키고 낙랑군을 설치하자 고조선의 원주민 가운데 다수 민중은 한나라에 그대로 복속하는 수밖에 없었을 것이다. 하지만 그중의 일부 특수계층, 특히 지배계

한 무제 릉

층에 있던 세력들은 한나라의 침략에 반기를 들고 저항했을 것이다.

그리하여 이들이 그 타개책으로 국외로의 탈출을 시도하여 남쪽으로 이동하다가 한반도의 대동강변에 이르러 정착하여 한사군의 낙랑군과는 별개의 독립적인 낙랑국을 세웠을 가능성을 예측할 수 있다.

이는 고구려·옥저·부여·예 등이 원래는 지금의 만주지역에 있던 고조선의 제후국인데 위만조선이 건국되고 다시 한사군이 설치되고 하는 과정에서 그 지배층과 주민들이 동쪽으로 이동하여 지금의 요하동쪽과 한반도 북부에 다시 같은 이름의 국가를 새로 세운 것과 일맥상통한다.[1]

『증보문헌비고』「여지고(輿地考)」 낙랑군 조에 다음과 같은 기록이 있다.

"삼국사에 보이는 낙랑은 대개 남부낙랑이다. 그러므로 고구려 동천왕이 평양(平壤)에 도읍한 이후 낙랑에 대한 기록이 사서에 끊이지 않고 나타나는 것이다."[2]

이는 『삼국사기』에 보이는 낙랑은 모두 남부낙랑을 가리킨다는 말로, 남과 북에 두 개의 낙랑이 존재했음을 뒷받침해 주는 좋은 근거 자료가 된다. 따라서 대동강 유역에서 낙랑에 관한 유물이 나오거나 유적이 발굴되는 것은 이곳에 최리가 다스렸던 낙랑국이 있었기 때문에 그러한 것으로서 지극히 당연한 일이라 할 것이다.

그렇다면 대동강 유역의 고분군에서 중국 한대의 유물이 출토된 것은 이를 어떻게 설명할 수 있을까? 그것은 대동강 유역에 낙랑국을 세운 유이민들 사이에는 한사군의 낙랑군 설치에 반기를 들고 남쪽으로 내려온 다수의 지배계층이 포함되어 있었을 것이다. 그러므로 그들이 낙랑군을 떠나올 때 한대에 제조된 귀중품의 상당수를 반입해 왔으리라는 것을 쉽게 예상할 수 있다. 따라서 그들이 가져간 귀중품들이 분묘의 부장품으로 쓰였고 그것이 일본인들에 의해 발굴되어 햇빛을 보게 된 것이 아닌가 여겨진다.

한사군도 낙랑군을 대동강 유역에, 진번 · 임둔 · 현도를 그 부근에 그린 이 한사군도는 반도사관의 상징이다.

4. 반도사관의 뿌리가 된 낙랑

일본인들이 대동강 유역을 한사군의 낙랑군 지역이었다고 발표하고, 또 우리 사학계가 그것을 그대로 수용해 오늘에 이르고 있다. 그러나 그것은 한국사 상에 두 가지 중대한 문제를 야기시켰다.

첫째, 고조선을 멸망시키고 만든 것이 한사군인데 그 중추적 기능에 해당하는 낙랑군이 대동강 유역에 있었으므로 당연히 고조선과 삼국 등의 역사 영토가 모두 한반도로 국한되게 되었다.

둘째, 대동강 유역을 중심으로 한사군이 설치되었으므로 한나라 때부터 한반도는 이미 중국의 지배 아래 놓이게 된 격이 되었다.

지금 우리 민족의 영토주권은 한반도로 국한되어 있다. 하지만 우리 민족의 역사 무대는 한반도를 넘어 저 드넓은 동북 대륙 만주벌판으로 이어져 있다. 그런데 불행하게도 일제 강점기 35년을 거치면서 대동강 낙랑군설의 출현으로 우리의 역사 무대는 한반도로 축소되고, 우리의 영토는 2000년 전부터 중국의 식민지가 된 결과를 가져온 것이다.

따라서 반도사관이 출현하게 된 배경을 거슬러 올라가면 낙랑이 바로 그 뿌리라는 사실을 알게 된다. 대동강 낙랑설로 인해 지난날 우리 조상들이 만주벌판에서 일구었던 자랑스러운 역사가 머리와 몸통 부분은 사라진 채 초라한 꼬리만 남은 꼴불견이 된 것이다.

그러면 일제 식민통치 기간에 이와 같은 반도사관이 자리잡게 된 원인과 배경이 과연 무엇인지 살펴볼 필요가 있다. 사실 대동강변에 낙랑군이 있었다는 주장은 반도사관의 뿌리요, 식민사관의 출발점이라 해도 과언이 아니기 때문에 반도사관의 뿌리를 뽑고, 식민사관의 틀을 깨서 한국사 복원의 신기원을 열기 위해서는 무엇보다 낙랑사 연구의 일대 혁명으로부터 시작되지 않으면 안 될 것이다.

5. 일제는 왜 낙랑이 대동강변에 있었다고 주장했나

낙랑에 관한 기록이 담긴 중국의 여러 사료들을 자세히 검토해 보면 한사군의 낙랑군은 한반도의 대동강 유역이 아닌 중국 대륙의 난하(灤河) 유역에 있었다는 사실을 어렵지 않게 알 수 있다. 그런데 분석과 검증에 능한 일본인 학자들이 왜 굳이 한사군의 낙랑군이 대동강 유역에 있었다고 주장했을까? 그 이유는 다음 두 가지로 정리될 수 있다.

첫째, 한국은 한사군 시대부터 이미 독자성이 결여된 중국의 식민지였으며 독립적인 자주국가가 아니라는 점을 강조함으로써 자신들의 한국 식민지배를 정당화하기 위한 포석에서였다고 본다.

둘째, 일본은 조선뿐만 아니라 만주를 그들의 손아귀에 넣으려는 속셈이 있었다. 에도막부(德川幕府) 말기에 외세의 배격을 주장한 봉건적 배외사상인 양이론(攘夷論)을 주도한 요시다쇼인(吉田松陰)은 이렇게 주장한다. "금후에는 취하기 쉬운 조선 · 만주 · 지나(중국)를 복속시켜 교역에서 미국(美) · 러시아(露)에 잃은 것을 조선과 만주에서 토지로 보상을 찾으라."[3] 이렇듯 일제는 만주와 중국을 분리해서 생각했고 먼저 한국을 독점적인 식민지로 만든 다음 이어서 만주를 침략하려는 야욕을 품고 있었다.

그런데 한사군의 낙랑군이 중국 대륙의 난하 유역에 있었다고 할 경우 한국의 고대사가 만주를 중심으로 전개되었음이 분명해지고 따라서 만주의 역사주권은 한국에 귀속된다. 이는 만주를 한국·중국과 분리해서 식민지화하려는 일본의 야욕에 정면으로 배치되는 것이다.

그래서 일본은 낙랑군을 이용하여 한국의 역사는 한반도에서 시작되어 한반도에서 끝났다는, 다시 말하면 한국의 영토는 고조선시대로부터 한반도에 국한되고 한국 민족은 한사군시대부터 중국의 지배를 받았다는 반도사관을 조작하기에 이른 것이다.

일본은 만주와 한국지배를 정당화하기 위한 목적에서 반도사관을 조작했고, 그 반도사관의 뿌리로서 한사군의 낙랑군이 이용되었던 것이다.

6. 아직도 청산되지 않은 식민사관

일제 식민 정책의 기본은 우리 민족을 동화시켜 황국식민화하는 것이었다. 동화정책은 왜곡된 한국사관에 근거한 것이고 그 대표적인 것으로는 '일선동조론'·'타율성론'·'정체성론' 등을 들 수 있다.

일본은 4세기에 일본의 신공황후가 한반도 남부지역을 정벌하고 가야에 임나 일본부를 두어 지배했다고 주장하였다. 이른바 신공황후의 삼한정벌, 임나 일본부에 의한 한반도 지배설을 주장하여 고대 일본의 조선 지배를 상정하는 '일선동조론'은 한국에 대한 일본의 역사 문화적 우월성을 강조하려는데 그 의도가 있었다.

그리고 한국은 아시아 대륙에 붙어 있는 반도로서 대륙에서 밀려오는 거대한 외압에 압도될 수밖에 없는 숙명을 지니고 있는 동시에 바다를 건너 밀려드는 해양세력의 위압을 받아 자주적, 내재적 발전을 이루지 못하고 주체적인 역사를 형성할 수 없었다는 것이 타율성론이다. 정체성론은 한국이 여러 가지 정치적 사회적 변화를 겪으면서도 능동적으로 발전하지 못하여 후진성을 면치 못하였다고 역사상의 후진성을 강조하는 것이다. 이러한 왜곡된 식민사관은 한국의 지리적 역사·문화적 낙후성을 강조하여 이를 왜곡 말살하려는 데에 목적이 있었다.

따라서 이마니시(今西龍)를 비롯한 수많은 식민사학자들은 한민족은 일제의 통치를 응당 받아야 한다는 결론을 끌어내기 위해 한국사의 사료 속에서 한민족의 결점·약점을 찾아내는 데 혈안이 되었다. 일제 강점기의 조선역사 연구는 일본의 이러한 한국사를 왜곡하고 말살하려는 정책과 방침에 따라 조선총독부의 지원 아래 조직적으로 추진되었다.

그리하여 단군조선은 신화라는 이유로, 기자조선은 기자가 동쪽으로 오지 않았다는 이유로 부정되어 한국사의 밑뿌리가 잘려나갔다. 그리고 여러 가지 조작 가능성이 짙은 유물들을 내세워 한사군의 낙랑군이 대동강변에 있었다고 왜곡함으로써 한국사를 한반도 중심 역사로 고착시켰다. 뿐만 아니라 조선조 당파성의 역기능을 부각시키는 식으로 한국문화에 대한 왜곡이 자행되었다.

일제의 한국지배는 이와 같이 군사적·경제적 침략에 그치지 않고 역사 문화적 침략이 유기적으로 병행되었다. 이 와중에서 민족정기는 마비되고 우리 스스로 자신과 역사를 불신하고 부정하는 심리가 조장되었다.

1910년 국권상실에서 1945년 광복에 이르기까지 35년간의 세월은 한국 민족의 반만년 역사에서 볼 때 그리 긴 세월은 아니다. 그러나 이 때 한국인은 정신사적, 문화사적으로 심각한 상처를 입고 지금까지도 그 후유증에 시달

일선동조론 등 한국사를 왜곡한 도서들

리고 있다는 점에서 역사상 가장 불행한 기간이었다고 말할 수 있다. 우리는 이 기간 동안에 실로 정치·경제·사회·역사·문화 각 방면에 걸쳐서 가슴 아픈 상처를 입었지만 특히 오늘날까지 남아 있는 심각한 식민후유증의 하나가 역사의 말살과 왜곡이라고 할 것이다.

우리는 광복과 함께 무엇보다도 자랑스러운 민족사를 복원하고 우수한 민족문화를 발양하는데 박차를 가했어야 했다. 그러나 광복 60년이 넘은 지금까지도 일제가 말살한 역사와 일제가 왜곡한 문화가 시정되었다고 보기 어렵다. 국사교과서에서는 일제가 한국사의 상한을 자국보다 낮추기 위해 말살시킨 단군조선과 기자조선이 복원되지 않고 있다.

한국은 상고시대로부터 중국의 속국이었으며 문화·사상면에서 독자성이 결여된 민족임을 강조하기 위해 일제가 한사군의 낙랑군이 대동강변에 있었다고 왜곡한 반도사관은 시정되기는 커녕 하나의 철학과 신념이 되어 가고 있다. 우리의 자랑스러운 역사 찬란한 문화를 부끄러운 역사 저질적인 문화로 왜곡시킨 일제의 식민사관은 아직도 청산되지 않은 채로 있는 것이다.

최근 중국은 동북공정을 통해 한국사를 침탈하려 시도하고 있다. 그런데 중국이 동북 대륙의 역사주권이 자기들에게 있다고 주장하는 근거는 그 연원을 따져 보면 대동강 낙랑설을 통해 한국사를 대륙사와 단절시킨 일제의 왜곡된 반도사관에서 유래한다. 그렇다면 동북공정은 1차적으로 한국사 말살을 위해 반도사관을 조작한 일제가 그 빌미를 제공했다. 2차적으로는 여전히

반도사관의 잔재에서 벗어나지 못하고 있는 우리 자신에게도 그 책임이 있다.

따라서 일제가 식민정책을 합리화하기 위해 왜곡한 반도사관을 청산하고 중국이 동북 대륙의 역사주권·영토주권을 강탈하기 위해 시도하는 동북공정을 대응하기 위해서는 잘려나간 우리 고대사의 밑둥치를 복원하고 위로 고조선과 아래로 삼국사를 결정짓는 분수령인 낙랑군의 실체를 밝혀 바로 세우는 작업이 시급히 요청된다 할 것이다.

[주] 1) 윤내현, 「고조선연구」, 일지사, 1999. P386 참조.
2) "三國史所見樂浪 蓋皆南部樂浪 故高句麗東川王 都平壤之後 樂浪之文 史不絶書也"
3) 車基璧 엮음, 「일제의 한국식민통치」, 정음사, 1985. p21.

2

2000년 만에 새롭게 밝혀지는 낙랑의 역사

1. 낙랑이 대동강변에 있었다고 주장하는 학계의 통설

　낙랑군에 대한 학계의 지금까지의 연구결과를 집약해 보면 다음과 같은 두 가지로 정리된다. 하나는 낙랑군이 한반도의 평안남도 일대와 황해도 북단의 대동강 유역에 있었다고 보는 것이다. 이러한 주장은 일본인 학자 이마니시(今西龍)·이나바(稲葉岩吉)의 관점을 계승한 것으로 이병도 등으로 대표된다.[1]

　다른 하나는 낙랑군이 중국 진황도시 갈석산 부근 난하 유역

에 있었다고 보는 것으로 이러한 주장은 북한의 리지린과 남한의 윤내현으로 대표된다.[2]

그런데 오늘날 대동강 유역설을 주장한 이병도의 학설이 학계의 통설이 되어 있으며 윤내현 등이 주장한 난하 유역설은 정통 학설로 인정되지 않고 있다.

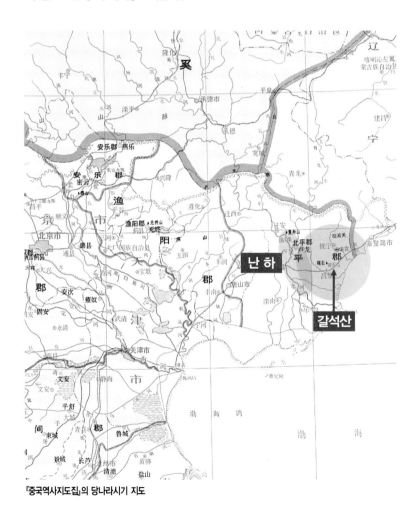

「중국역사지도집」의 당나라시기 지도

2. 낙랑이 난하 유역에 있었음을 반증하는 여덟가지 근거

　한사군의 낙랑군이 대동강 유역에 있었다는 것이 현재 한국 사학계에서 통설로 적용되고 있지만 낙랑과 관련한 사료를 세밀히 검토해 보면 낙랑은 평양의 대동강 유역이 아닌 대륙 동북의 난하 유역에 있었음이 확실하다. 그 사료적 근거를 하나하나 제시해 본다.

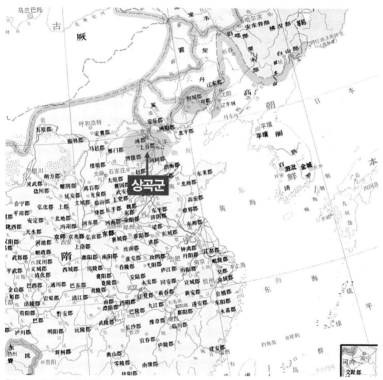

『중국역사지도집』의 수나라시기 전도

1. 『한서』「지리지」에 의하면 수성현(遂城縣)은 본래 낙랑군 25현 중의 하나이다. 그런데 『수서』「지리지」에는 수성현이 상곡군(上谷郡)의 소속 현으로 되어 있다.

한나라의 낙랑군이 한반도 대동강 유역에 있었다면 그 소속현 중의 하나인 수성현이 수(隋)나라 시대에 갑자기 오늘날의 하북성 북경 부근에 있던 상곡군에 소속될 수는 없는 일이다. 이는 낙랑군이 대동강 유역이 아닌 난하 유역에 있었다는 사실을 반증하는 중요한 근거가 된다.

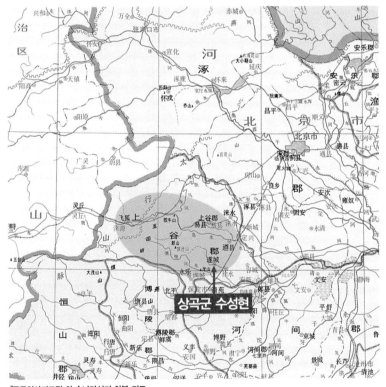

『중국역사지도집』의 수나라시기 하북 지도

2. 『사기』 「고제본기(高帝本紀)」 색은(索隱)에 『태강지리지(太康地理志)』를 인용하여 "낙랑군 수성현에 갈석산(碣石山)이 있는데 이곳은 만리장성이 시작된 곳이다.(樂浪遂城縣 有碣石山 長城所起)"라고 하였다.

갈석산은 하북성 창려현 부근에 발해를 마주하여 우뚝 솟아 있다. 중국 공산당 간부의 여름 휴양지로 유명한 북대하(北戴河)가 이 부근에 있다. 그런데 갈석산이 바로 낙랑군 수성현에 있다는 사실은 낙랑군이 난하 유역에 있었음을 반증하는 또 하나의 근거가 된다.

3. 『광여(廣輿)』에 영평부(永平府) 연혁을 기술하면서 "옛 우북평(右北平) 북연(北燕)이 낙랑이다."라고 하였다. 북평군은 어양군(漁陽郡)과 함께 오늘의 하북성 난하 부근에 있었다. 낙랑이 이곳에 있었다는 것은 낙랑군이 난하 유역에 있었음을 반증하는 또 하나의 근거가 된다.

4. 『노룡새략(盧龍塞略)』 13권 「황렬전(黃列傳)」에는 "아마 연산(燕山)과 낙랑에서는 사람마다 감동하고 흥분할 것이니 무슨 호로(胡虜)를 걱정할 것이 있겠는가?(庶幾燕山樂浪 則人人感奮 何憂胡虜哉)"라고 하여 연산과 낙랑을 동시에 거명하고 있다.

연산 산맥은 난하를 건너 갈석산 쪽으로 뻗어나간 산맥이며 이 산맥은 대체로 만리장성 줄기와 일치된다. 여기서 연산과 함께 거명된 낙랑이 결코 연산과 동떨어진 대동강 유역의 낙랑이 될 수는 없다.

노룡현은 오늘의 하북성 진황도시 부근이다. 곽조경의 『약도』

를 보면 노룡새는 난주(灤州)와 열하의 중간지대인 난하 하류에
있다. 『노룡새략』에 낙랑이 연산과 함께 등장한다는 것은 낙랑
이 난하 유역에 있었음을 반증하는 또 하나의 근거가 된다.

5. 『노룡새략』「복영전(濮英傳)」에는 "노룡 사람 복영이 침입한
외적과 싸우다 붙잡히자 식음을 전폐하고 자결했는데 뒤에 그의
충혼을 기려 낙랑공을 추증했다."는 기록이 나온다. 낙랑공이란
칭호를 복영에게 내린 것은 그가 출생했거나 희생된 지역과 연
관이 있다고 보인다.

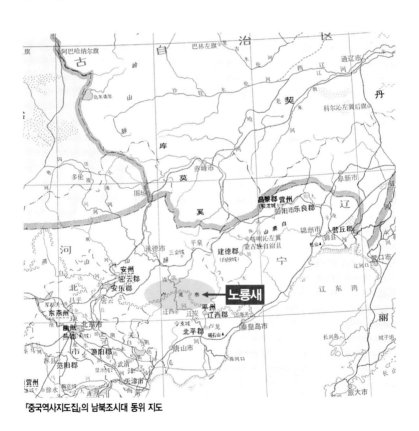

『중국역사지도집』의 남북조시대 동위 지도

하북성 노룡 사람 복영에게 평안남도 대동강변의 낙랑공을 추서했을 리는 만무하다. 복영에게 낙랑공을 추서한 것은 낙랑이 난하 유역에 있었음을 반증하는 또 하나의 근거가 된다.

6. 『수서』에 수양제가 고구려를 정벌하기 위해 그 군대를 각각 좌·우 12군으로 나누어 출동시키면서 압록수 서쪽에서 모이도록 명령을 하달한 기록이 나온다. 그런데 낙랑군은 좌 12군의 행군지에 포함되어 있었다. 이때 낙랑군이 만일 평양의 대동강 유역에 있었다면 중국의 서쪽에서 동쪽으로 압록강을 향해 출동하는 수나라 군대의 경유지에 포함되지 않았을 것이다. 수나라 군대가 행군하는 경유지에 낙랑이 포함되어 있었다는 것은 낙랑이 평양의 대동강 유역에 있지 않았다는 사실을 반증하는 또 하나의 근거가 된다.

7. 중국사회과학원에서 펴낸 『중국역사지도집』 제4책 북조(北朝) 동위(東魏) 조에 의하면 백록산(白鹿山)과 백랑수(白狼水) 위쪽 즉 대릉하(大凌河) 중류, 오늘의 조양시(朝陽市) 부근 지역에 영주(營州) 소속의 낙량군(樂良郡)이 설치된 것을 볼 수 있다. 낙량군은 낙랑군의 잘못된 표기이거나 낙랑군을 은폐하기 위한 의도적인 실수였다고 보여진다.

한사군의 낙랑군은 후한 말(서기 190) 요동에 독립 세력을 구축한 요동태수 공손도(公孫度)의 지배하에 들어갔다. 그 손자 연(淵)에 이르러 연왕(燕王)을 자칭했는데 위 경초(魏景初) 2년(서기 238) 위(魏)에서 사마의(司馬懿)를 보내 양평(襄平)에서 연을 치게 하는 한편 몰래 군사를 바다쪽으로 보내 낙랑과 대방 두 군을 평정 장

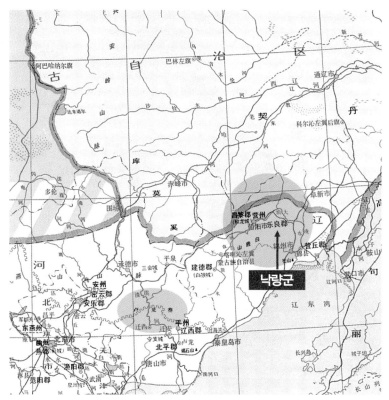

『중국역사지도집』의 남북조시대 동위 지도

악하게 되었다.[3]

　삼국시대의 위(魏:서기 220~265)와 남북조시대 북조(北朝)의 동위(東魏:서기 534~550)는 시간적으로 수백 년의 차이가 있다. 그러나 동위가 요하와 난하 사이에 낙랑군을 설치했다는 것은 원래 이곳이 한사군시대와 그 이후 위·진(魏·晉)시대에 낙랑군이 있던 지역이기 때문에 옛 이름을 빌어 다시 설치했을 가능성이 짙다.

8. 『중국역사지도집』 제4책 북조 위(魏) 조에는 난하 부근에 평주(平州) 소속으로 조선현(朝鮮縣)이 있다. 이때 조선현은 백록산(白鹿山)과 백랑수(白狼水)가 있는 즉 대릉하(大凌河) 유역 아래쪽에 위치해 있다.

이곳은 원래 낙랑군의 조선현이 있던 자리여서 그 흔적이 그때까지 남아 있었을 가능성을 예측할 수 있다. 뿐만 아니라 요(遼)나라(서기 916~1125)와 금(金)나라(서기 1115~1234) 시대에도 오

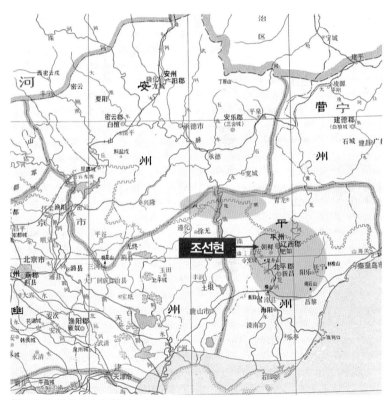

『중국역사지도집』의 남북조시대 위나라 지도

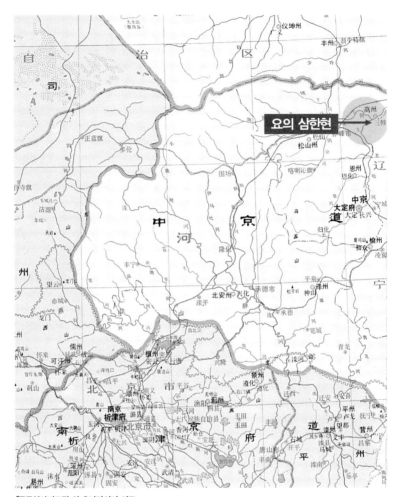

『중국역사지도집』의 요나라시기 지도

늘날의 내몽고 적봉(赤峯)시 부근에 각각 삼한현(三韓縣)을 설치한
사례가 있다.

이 지역이 만약 우리 민족과 전혀 무관하다면 남북조시대 북조
의 위가 왜 여기에 조선현을 설치하고, 요나라와 금나라시대에

금의 삼한현

『중국역사지도집』의 금나라시기 지도

어째서 이곳에 삼한현을 설치했겠는가. 이것을 우연의 소치로 돌리기보다는 이곳이 원래 역사적으로 고조선·낙랑군의 터전이었을 가능성에 무게를 둘 수 있다.

위에 인용한 사료를 토대로 검토해보면 오늘의 하북성 진황도시 노룡현, 갈석산 일대 난하 유역 부근에 낙랑이 존재했었다는 사실은 명백하며 더 이상 이론의 여지가 없다고 하겠다.

3. 대동강변의 낙랑설은 조속히 수정되어야

　요령성과 하북성이 마주치는 접경지대에 위치한 난하(灤河)는 행정구역상으로 지금의 하북성에 포함되어 있다. 이곳은 동방의 동이민족과 중원의 서화민족, 동북의 기마문화와 내륙의 농경문화가 교착되는 전략적 요충지이다. 그래서 이 지역에 진시황이 동북방 민족의 중원 진입을 방어하기 위해 만리장성을 쌓았고, 명나라가 건축한 방어시설인 산해관도 이곳에 있게 된 것이다.

　오늘날 중국의 수도는 북경에 있다. 따라서 압록강이 중국 동

만리장성·산해관 표지석 만리장성과 산해관이 함께 표기되어 있다.

북의 최전방이 되어도 관리하는데 하등의 불편이 없다. 하지만 한 무제가 집권할 당시는 중국의 수도가 장안(長安)이었다. 장안은 오늘의 섬서성 서안부근으로서 지리적으로 중국의 서쪽 지역에 편중되어 있었다. 한 왕조가 수천 리 떨어진 장안에서 동이족의 근거지인 지금의 동북 삼성까지 완전히 장악하기는 어려웠다. 따라서 난하 유역이 당시 중국의 동북쪽 최전방이 되었다.

난하의 북쪽에는 흉노가 도사리고 있었고, 그 동쪽에는 고조선이 버티고 있었다. 진시황이 만리장성을 난하 유역에 쌓았던

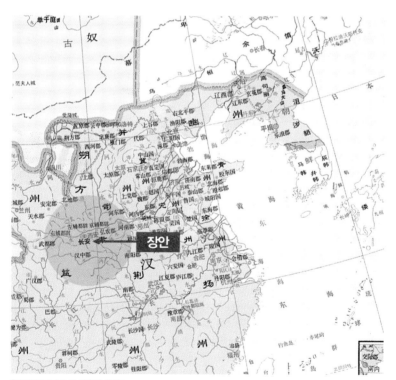

『중국역사지도집』의 서한시기 전도

이유가 바로 그 때문이다.

한나라 서한(西漢: 서기전 206~서기후 8) 초기는 진시황 시기보다 오히려 영토가 축소되어 오늘의 하북성 일대가 동이의 영토로 편입되었다. 무제시대에 이르러 북으로 흉노와 동으로 고조선을 침략하여 진시황시대의 영토를 다시 회복하여 만리장성이 있는 난하 유역까지 진출하였다.

일본 제국주의 식민사학자 이나바(稻葉岩吉)는 "『한서』「지리지」에 근거하면 의심할바 없이 진나라 만리장성의 동단은 현 조

『중국역사지도집』의 서한시기 전도에 보이는 만리장성 동단 일본 식민사학자 아나바의 주장에 따라 황해도 수안에서 만리장성의 동쪽 끝이 시작되는 것으로 잘못 그려져 있다

선 황해도 수안경에서 시작하여 대동강 상류로 뻗어 청천강을 넘어 서북으로 향하고 압록강과 대동강 상류를 돌아 개원 동북지역으로 향하였다."라고 하였다.[4]

이나바가 진 장성의 동단이 황해도 수안군이라고 한 것은 한사군의 낙랑군이 오늘의 대동강 유역 평양에 있었다고 억측한데서 연유한다. 저들은 고조선 영역이 예로부터 중국의 식민지였음을 증명하기에 급급한 나머지 이런 엉터리 논리를 조작했던 것이다.

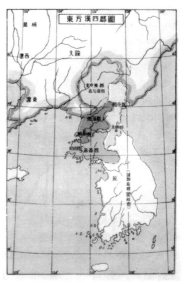

이병도가 본 한사군의 위치 『신수국사대관』에 실려 있다. 이병도가 이처럼 한사군이 한반도에 위치했다고 본 것은 낙랑군이 오늘의 대동강 유역 평양에 있었다고 주장한 이나바 등 식민사학자의 영향을 받은 데 따른 것이다.

한사군 중의 중추적 기구가 낙랑군이고 낙랑군의 군청 소재지가 조선현이었다. 그런데 낙랑이 난하 부근에 있었다는 사실이 여러 중국의 고대 사료를 통해서 확인된다는 것은, 한무제가 멸망시킨 고조선과 고조선을 멸망시키고 새로 설치한 낙랑군이 모두 난하 유역에 위치해 있었음을 입증하고도 남는다.

그런 점에서 일제 식민사학을 계승하여 아직도 한사군의 낙랑군이 한반도의 대동강변에 있었다고 주장하는 강단사학의 반도사관은 조속히 수정되지 않으면 안 된다.

『중국역사지도집』의 서한시기 전도에 보이는 한사군 국내의 한사군 지도보다 훨씬 대륙쪽으로 영역이 확대되어 있다

그동안 우리 자주 사학계의 노력으로 한사군의 낙랑군이 대동 강 유역이 아닌 난하 부근에 있었다는 사실이 밝혀지게 된 것은 분명 강단사학에 비해 진일보한 것이다.

그러나 난하 부근에 있는 낙랑이란 지명이 어디에서 유래했는 지 또 낙랑군이 구체적으로 난하 부근 어느 지점에 있었는지에 대해서 결정적인 근거를 제시했다고 보기는 어렵다. 이런 문제 들에 대해서 식민적 반도사관을 뒤집을 수 있는 결정적인 자료 와 논거를 제시하고자 한다.

4. 반도사관을 뒤집을 결정적 근거는 무엇인가

이병도는 일본어의 한(漢)에 대한 훈독(訓讀) '아야' 혹은 '아나'에서 낙랑의 지명에 대한 어원을 찾으려고 하였다. 그의 주장을 요약하면 다음과 같다.

"일본 내에서 '한'에 대한 훈독을 '아야' 혹은 '아나'라고 한다. '아'의 의미는 자세치 않으나 혹시 난(卵)·중심(中心)·핵심(核心)이 아닌가 재고를 요한다. '야'·'나'는 마치 저 서라벌(徐羅伐)·서야벌(徐耶伐)·서나벌(徐那伐)·가라(加羅)·가야(加耶)·구야(狗邪)등의 라(羅)·야(耶)·나(那)·야(邪) 등과 같은 말로 국읍(國邑)을 의미하는 고어이다. '아야'·'아나'는 중심지를 지칭한 것이 틀림없는데 그것은 한 군현의 중추적 역할을 하고 있던 '낙랑'을 제외하고는 생각할 수 없다."

낙랑을 언어학적 관점에서 접근하여 일본어의 '아야'에서 어원을 찾고자 시도한 이병도의 발상 자체는 탁월함이 있다. 그러나 그것은 일고의 가치는 있을지 몰라도 낙랑이란 명칭이 지닌 원래의 의미를 밝혀내는 것과는 너무나 거리가 멀다고 느껴진다.

낙랑은 한나라가 설치한 군현으로 지명의 하나이다. 예나 지금이나 지명은 대체로 해당 지역의 산이름이나 또는 강이름에서 이름을 따서 지어지는 경우가 많았다. 따라서 낙랑의 명칭이 지닌 본래적 의미에 접근하기 위해서는 먼저 낙랑과 관련된 지명을 해당지역에서 찾아보는 일이 바람직한 방법이 될 것이다.

5. 낙랑은 중국 요서의 낙수와 낭수에서 유래했다

지명은 산 이름이나 강 이름에서 유래된 경우 많아

난하 부근에는 난현(灤縣) · 난남(灤南) · 난평(灤平) 등의 지명이 보인다. 요하(遼河)를 중심으로 그 주변에 요동(遼東) · 요서(遼西) · 요양(遼陽) · 요원(遼源) 등의 지명이 있다. 회남(淮南) · 회북(淮北) · 회음(淮陰) · 회안(淮安) 등은 회하(淮河)부근에서 발견되는 지명들이다.

이처럼 고대사회에서의 지명은 그 유래를 따져보면 대체로 산이나 강에서 유래한 경우가 많았다. 그런데 평안남도 대동강 유역에서는 낙랑과 관련된 어떤 산 이름이나 강 이름도 찾아볼 수가 없다. 그것은 대동강 유역에 있던 낙랑은 본래의 낙랑이 아니라 북쪽에 있던 낙랑 세력이 남쪽으로 이동해 올 때 지명도 함께 가지고 와서 붙여진 이름이며 낙랑의 발상지는 아니라는 사실을 말해 준다.

평양 대동강 유역에서는 낙랑과 관련된 지명을 찾아볼 수 없지만, 요서 대릉하 유역에서는 낙수와 낭수가 발견된다. 좀더 구체적으로 말하면 서요하 상류의 한(漢)나라때 이름이 요락수(饒樂水)였고, 그 아래쪽에 있는 오늘의 대릉하가 백랑수(白狼水)였다.

산이름이나 강이름은 시대마다 조금씩 달라지기도 한다. 특히 동이지역의 산 이름이나 강 이름은 영토의 주권이 중국으로 넘어

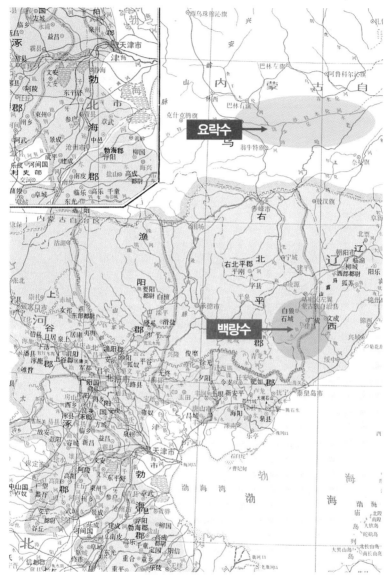

「중국역사지도집」의 서한시기 지도

간 뒤에는 그 흔적을 감추기 위해 여러 가지 조작이 가해졌다. 길림성 부여시를 송원시로 이름을 바꾼 것처럼 아예 명칭을 변경하거나 아니면 밝(百)을 '맥(貊)'·'맥(貉)'으로 세(歲)를 예(濊)·예(穢)·예(獩) 등으로 표기한 경우처럼 원래의 음은 그대로 살려둔 채 글자 모양만 다른 글자로 변경시키는 방법을 사용한 경우가 흔히 있다. 요락수와 백랑수도 시대마다 그 표기상에서 약간씩 차이를 보인다.

요락수의 변천사

현재의 서요하 상류에 위치한 요락수는 서한시대와 동한시대에는 요락수, 삼국·위·서진(三國 魏 西晉)시대에는 작락수(作樂水), 동진(東晉: 서기 317~439) 16국 수(隋)시대에는 약낙수(弱洛水), 당(唐)시대에는 황수(潢水), 오대십국(五代十國: 서기 907~979)·요(遼)·북송(北宋)·원(元)·명(明)시대에는 황하(黃河), 청(淸)시대에는 시라무렌허(西拉木倫河)로 이름이 바뀌었고, 현재는 시라무렌허로 불린다.[5]

현재 서요하 상류인 시라무렌허에서는 원래의 이름인 요락수의 흔적은 찾아볼 수 없다. 그러나 시라무렌허는 수나라 이전에는 요락수·작락수·약락수 등으로 불렸으며, 시대에 따라 낙수 앞의 형용사 한 글자에 약간의 변동이 있었을 뿐 낙수라는 기본적인 명칭에는 변함이 없었다.

요락은 풍요와 안락을 상징하는 말로 그 지역 사람들이 이 일대를 삶의 젖줄로 생각한데서 붙여진 이름일 것이다. 서요하 상류, 지금의 시라무렌허 일대는 서한(西漢)시대 한사군의 낙랑군이 설치될 당시 요락수로 불렸고, 낙수라는 명칭은 한대 이후 수나라에 이르기까지 지속되었던 것이다.

백랑수의 변천사

『열하지』56권 대릉하 조에 "백랑수는 바로 지금의 대릉하이다(白狼水 即今大凌河)"라고 하였다. 이는 오늘 대릉하의 옛 이름이 백랑수였음을 말해 준다.

백랑수는 서한시대에 마수산(馬首山) 옆을 지나 유성(柳城)·임유(臨渝)·교려(交黎)를 경유하고 다시 의무려산(醫巫閭山) 옆을 통과하여 발해로 들어갔다. 백랑수는 서한과 동한시대를 지나 위진 남북조시대를 거쳐 수·당 시대에 이르기까지 줄곧 백랑수로 불렸다.

그러다가 요나라 시대에 유하(榆河)·대령하(大靈河)로, 금나라 시대에 대릉하로 바뀌었으며, 대릉하란 명칭은 명·청 시대를 지나 오늘에 이르기까지 통용되고 있다.

그리고 요서 능원현(凌源縣) 동남쪽에는 백랑산(白狼山)이 있다. 이 산 이름은 일명 백록산이라고도 한다. 『한서』「지리지」하에 "우북평군(右北平郡)의 현이 16인데 백랑이 그 하나이다." "백랑

시라무렌강 서요하 상류에 있다 서한시대에 요락수로 불리던 강이다

현은 백랑산이 있기 때문에 그래서 현 이름을 그렇게 붙인 것이다."라고 하였다.

백낭현은 요서 조양현(朝陽縣) 서남쪽 대성자(大城子) 동북쪽에 있었는데 진(晉) 이후로는 백랑성으로 명칭이 바뀌었다. 백랑현·백랑성은 백랑산에서 그 지명이 유래된 것을 알 수 있다.

낙랑은 요락수와 백랑수에서 유래했다

위에서 살펴볼 때 한사군의 낙랑군은 바로 이 대릉하 유역에 있던 요락수와 백랑수·백랑산에서 유래된 지명이라고 확신한다. 즉 요락수의 '낙' 자와 백랑수·백랑산의 '랑' 자를 결합하여 '낙랑' 이란 지명이 생겨나게 된 것이다.

가령 경기도 양평군이 양근과 지평에서 각각 양자와 평자를 따서 양평이라고 부르는 경우와 같다. 다만 여기서 제기되는 의문은 낙랑이 요락수와 백랑수의 가운데 글자 낙랑을 따서 붙여진 이름이라면 왜 낙랑(樂狼)이라 하지 않고 낙랑(樂浪)이 되었는가 하는 점일 것이다.

낙랑(樂狼)이 낙랑(樂浪)으로 된 이유

우리는 이에 대한 해답을 얻기 위해 다음 두 가지 문제를 상정할 수 있다.

첫째, 『전한서(前漢書)』 낙랑군 조 안사고(顏師古) 주석에 "낙(樂)의 음은 낙(洛)이고 낭(浪)의 음은 낭(狼)이다.(樂音洛 浪音狼)"라고 하였다. 낙(樂)과 낙(洛), 낭(浪)과 낭(狼)은 음이 통용되므로 낙랑(樂狼)과 낙랑(樂浪)은 표기방식은 달라도 실제는 같은 것이 된다. 다만 후세로 내려오면서 이리를 지칭하는 낭(狼)자를 혐오스럽게 여겨 낭(狼)자보다는 낭(浪)자를 즐겨 썼을 수 있다.

둘째, 우리 민족은 예로부터 '밝족' 또는 '밝달민족'이라고 했다. 그런데 '밝'이나 '밝달'을 한자로 표기하면 백악(白岳)·백산(白山) 등이 된다. 우리의 국조 단군이 백악산 아사달에 도읍하였다든지 단군의 아버지 환웅이 태백산 신단수 아래로 내려왔다든지 하는 것이 모두 이런 경우에 해당한다. 따라서 요서의 백랑산(白狼山)과 백랑수(白狼水)는 그 지명이 '밝'과 '밝달'을 상징하는 백(白)자로 시작하는 것으로 볼 때 우리 민족과 직간접으로 관련된 지명임을 부정할 수 없다.

따라서 원래의 지명은 고조선의 첫 수도 아사달에 있던 백악산(白岳山)과 백악수(白岳水)였는데, 후세에 한족들이 이 지역을 차지하면서 백악(白岳)에서의 악(岳)자 대신 혐오스런 동물을 지칭하는 낭(狼)자로 바꾸어 고조선의 숨결이 어린 옛 이름을 없애 버렸을 수 있다.

위에 말한 두 가지는 어디까지나 가정이며 확정할 성질의 것은 아니다. 그러나 두 가지가 모두 그 가능성을 충분히 예상할 수 있는 사안이다.

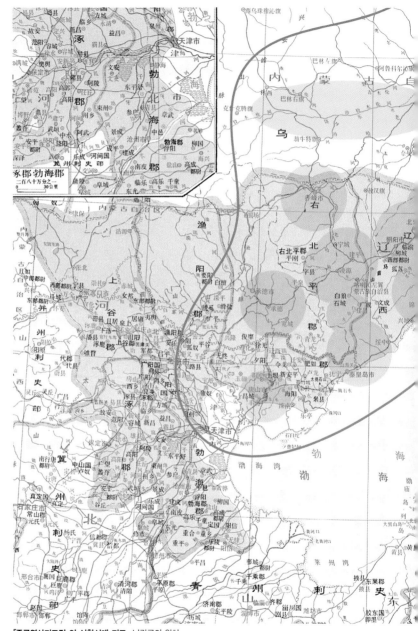

「중국역사지도집」의 서한시대 지도 낙랑군의 위치

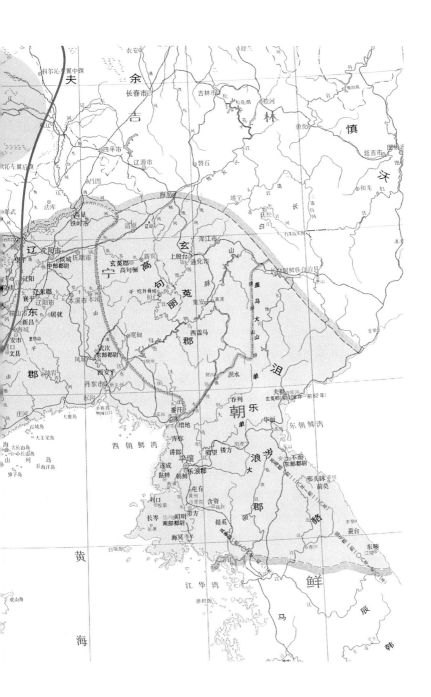

낙랑군의 정확한 위치는 대릉하 유역

위에서 우리는 낙랑이란 지명은 낙수와 낭수의 가운데 글자의 결합에서 온 것임을 확인하였다. 그렇다면 낙랑군의 정확한 위치는 과연 지금의 어느 지역일까? 그것은 요락수와 백랑수를 떠나서 찾을 수 없고 특히 두 물줄기의 중간지대가 될 것이다.

요락수와 백랑수의 중간지대란 어디인가. 그 해당지역은 지금의 대릉하 유역을 중심으로 한 요하 서쪽 난하 부근 일대가 된다. 현재의 행정구역상으로 보면 내몽고 자치구의 통요시(通遼市)·적봉시, 요령성의 부신시·북표시(北票市)·조양시(朝陽市)·금주시(錦州市)·건평현(建平縣)·능원현(凌源縣), 하북성의 승덕시·진황도시·당산시 일대가 여기에 해당하는 지역이다.

중국사회과학원에서 펴낸『중국역사지도집』제 2책의「서한과 동한시기전도」를 보면 요하 부근에 요서군, 난하 부근에 우북평군이 있고, 위에 말한 대릉하 유역 일대는 텅 빈 곳으로 되어 있다. 바로 이 비어 있는 공간이 낙랑군이 있던 자리라고 하겠다.

낙랑군의 실체 확인은 역사학의 혁명적 사건

낙랑군이란 지명은 서요하 상류인 요락수와 현재의 대릉하인 백랑수에서 유래했고, 요서 대릉하 유역을 중심으로 한 그 일대가 한사군의 낙랑군이 있던 지역이라고 보는 것이 최종 결론이다. 낙랑군의 지명 유래와 그 위치를 이와 같은 결정적 근거를 가지고 밝히기는 강단과 재야, 남북한 사학계를 통틀어 필자가 처음이다.

낙랑군 위치도 고조선의 발상지이다.

낙랑은 한국 고대사 연구의 분수령이다. 그런데 낙랑의 역사는 일제가 조작한 반도사관에 의해 반세기가 넘게, 아니 어찌 보면 한사군 설치 이후 2000여 년이란 오랜 세월을 왜곡 오도되어 왔다고 해도 과언이 아니다.

그러나 이제 사대사관과 식민사관의 먼지를 털어 내고서 한사군의 낙랑군은 평양의 대동강 유역이 아니라 요서의 대릉하 유역에 있었다는 사실을 누구도 부인할 수 없는 결정적인 근거를 통해 확인하였다. 이처럼 결정적인 근거에 의한 낙랑군의 정확한 위치 확인은 한국사, 나아가 동아시아 역사의 새 지평을 열 수 있는 역사학의 혁명적인 사건에 해당한다.

이제 한국사는 오랫동안 우리 민족의 역사와 문화를 오도해 온 사대사관 · 반도사관의 틀을 깨고 위로 고조선사 2000여 년과 아래로 삼한 · 부여 · 고구려 · 백제 · 신라 · 발해 · 고려 ·

조선으로 이어지는 역사 2000여 년을 재정립함으로써 한국사 연구의 새 장을 여는 계기를 마련할 수 있을 것이다.

6. 대릉하 유역은 우리 민족 역사문화의 요람

  중국사회과학원에서 펴낸 『중국역사지도집』을 통해서 요하
와 난하 · 대릉하 유역의 변천사를 더듬어 보면, 신석기시대엔
북경과 북경시 서쪽 북경원인이 출토된 방산(房山), 그 남쪽 서수
(徐水) 일대 그리고 대릉하 주변의 조양(朝陽) · 건평(建平) · 능원
(凌源) · 금주(錦州) 일대를 포함한 북경 동북쪽의 전 지역이 중원
문화와 별개의 기타 원시문화로 취급되어 있다. 그리고 서화족
최초의 국가시대로 말해지는 「하(夏)시기전도」에는 하(夏)나라의
세력 범위를 오늘의 산서성 태원 서쪽으로 국한하였으며 북경을
포함한 동북지역은 통치 주체가 없는 것으로 되어 있다.

  그렇다면 신석기시대에서 하나라 시대에 이르기까지 이곳 동
북지역에 문화유적을 남겨 놓은 주체세력들은 과연 누구일까?
이때 홍산문화를 일군 세력들이 대릉하 유역의 적봉과 능원 ·
우하량 등을 중심으로 동북지역을 지배하고 있었으며 그들이 바
로 고조선 국가를 건설한 예맥민족이었다. 그러나 『중국역사지
도집』은 의도적으로 황하 유역의 서화세력만 중점적으로 부각
시키고 대릉하 유역의 고조선 민족의 존재는 제외시켰다.

  「상과 서주시기전도」에는 난하 유역 하류에 고죽국(孤竹國)이
있고 동해바다쪽 오소리강 주변에 숙신(肅愼)이 있었다는 것을
표기하였다. 적봉과 능원 일대는 고고유적 지대로만 표기하고,
그곳의 주거 민족에 대한 구체적인 명시가 없다. 이 지역에서 발

견되는 고고유적이 바로 고조선 유민들이 남긴 유적이다. 상(商: 서기전 16~11)과 서주(西周: 서기전 11~7) 시기 모두 서화족의 직접 통치범위는 오늘날의 난하를 넘지 못하고 북경 서쪽으로 국한되어 있다.

그리고 서주시대에는 북경 서남쪽은 모조리 북융(北戎)의 근거지가 되어 있고 서주의 분봉국인 연(燕)은 산서성 태원시 부근에 수도가 있었던 것으로 나와 있다. 서주 시기의 연은 그 중심이 오늘의 북경 일대가 아니라 산서성 태원시였음을 의미한다. 그러면 그 연의 동북쪽에는 어느 민족이 살았을까? 바로 고조선이 있었다. 무엇으로 그것을 증명하는가?

『좌전』에 "연·박(燕·亳)은 주왕조의 북방 영토이다."라고 말한 내용이 나온다. 여기서 연과 함께 거론된 박(亳)은 우리말 '밝'의 한자식 표기로 '밝달민족'을 가리킨다. 이 기록은 상과 서주시대 연의 동북쪽에 있었던 고조선의 존재를 확인시켜 준다.

춘추 전국시대에는 대릉하 유역이 동호·산융(東胡山戎) 지역으로 되어 있다. 진나라시대에는 이 지역이 반분되어 동호와 진(秦)의 영토 안에 각각 포함되어 있는데 요하 부근에 요서군이, 난하 부근에 우북평군이 위치하고 대릉하 유역은 사실상 공지처럼 되어 있다. 그런데 이때 대릉하 유역에서 활동하던 동호란 사실상 고조선의 종족을 가리킨다는 사실이 『전국책』 「연책」에 보이는 "연동유조선요동(燕東有朝鮮遼東)"이라는 말에서 증명된다.

이 기록은 비록 짧지만 연나라 동쪽에 조선이 있었고 조선의 동쪽에 요동이 있었다는 사실을 압축하여 시사하고 있다. 만일 연나라 동쪽에 요동이 있고 요동의 동쪽에 조선이 있었다면 당연히 "연동유요동조선(燕東有遼東朝鮮)"이라고 썼을 것이다. 그런데 "연나라 동쪽에 조선·요동이 있다."라고 하여 조선을 요동의 앞에 기록한 것은 오늘의 요하를 중심으로 그 서쪽 요서에 고조선이, 그 동쪽에 요동이 있었다는 사실을 의미한다.

서한시대에는 대릉하 유역의 절반은 오환(烏桓)이 차지하고 나머지 절반은 서한이 차지한 것으로 되어 있는데 그 지역의 중심부근은 역시 공백지대로 처리되어 있다. 동한시대와 삼국시대 서진시대에 요하와 난하 사이 적봉·능원·승덕을 포함한 대릉하 유역 대부분은 선비의 땅으로 변모하였다.

동진 16국시대와 남북조시대에는 거란과 고막해(庫莫奚)가 대릉하 유역의 대부분을 분점하고 난하 하류쪽 극히 일부분을 위나라가 차지하였다. 수나라 시대에는 거란·해(奚)·수가 이 지역을 삼분하여 점령하였고, 당나라때는 이 지역을 당나라가 완전히 탈취하여 여기에 송막도독부(松漠都督府)와 요락도독부(饒樂都督府)를 설치하였다. 그러나 당나라 말엽 대릉하 유역은 다시 거란과 해의 영토로 바뀌었다.

오대십국(五代十國)시대에 이 지역은 요나라의 영토로 변했다. 요·북송시대에 대릉하 유역은 다시 요나라의 중경도(中京道)로 수도가 되었다. 금·남송시대엔 금나라의 중경로(中京路)로 이름이 바뀌고 수도는 상경로(上京路)로 옮겨갔다.

원나라시기에 대릉하 유역은 중서성(中書省)에 편입되었고 명나라때 이 지역은 잠시 명의 영토가 되었다가 곧바로 다시 달단(韃旦)의 지배하로 들어갔다. 청나라 때 대릉하 유역 일대는 승덕부(承德府)가 설치되었다.

1930년대 청나라 말엽 이 지역은 일본의 점령지가 되었다. 만주의 관동군은 만주를 점령한 후(만주사변) 만주국을 성립시켜(서기 1932) 대륙침략의 발판을 굳혀 나갔는데 이때(서기 1933~1939) 이 일대는 일본의 점령지 안에 포함되었다.

중국 공산당은 1949년 10월에 마오 쩌둥을 주석으로 하는 중화 인민공화국을 세웠다. 한동안 일본의 점령지가 되었던 대릉하 유역 일대는 다시 중국 공산당의 영토가 되어 오늘에 이르고 있다.

여기서 『중국역사지도집』에 나타난 대릉하 유역의 역사적 변천과정을 다시 요약해 보면 신석기시대에서 서주 말기까지 이 지역의 역사주체는 불명확하다. 춘추전국시대엔 동호(東胡)와 산융(山戎)이 거주했고, 서한시대엔 오환과 서한이 분점하였다. 동한에서 서진까지는 선비가, 동진시대에서 수나라까지는 거란과 해가 대부분을 차지하였다. 당나라 때는 당이 차지하여 송막·요락 두 도독부를 설치했다가 당 말에 다시 거란과 해가 차지하였다. 오대 십국시대에 요나라의 영토가 되고 요·북송시대엔 요의 수도가 되었으며 금·남송시대엔 금나라의 중경로가 되었다.

원나라 시기에 중서성에 편입되고 명나라 초기 명의 영토로 편입되었다가 곧 달단의 지배하에 들어갔다. 청나라때 승덕부

(열하성)가 되었고, 1930년대에 잠시 일본의 점령지로 되었다가 현재는 중국 공산당의 영토가 되어 있다.

중국 공산당이 지배하기 전 대릉하 유역은 한·당·명 시기 한족이 잠시 지배한 것을 제외하고는 모두가 동이민족의 지배하에 있었다. 신석기시대 이후 오늘에 이르기까지 대릉하 유역은 4, 5천 년 역사상에서 한족 정권이 지배한 기간을 따져보면 모두 합해야 200년을 넘지 않는다. 요서 대릉하 유역은 사실 전국시대 말엽까지 2000여 년 가까이 고조선족의 터전이었다. 그리고 고조선이 멸망한 이후에도 고구려·백제를 위시한 고조선을 계승한 나라들이 번갈아가며 이 지역에 지배권을 행사하였다.

따라서 대릉하 유역을 지금은 비록 중국 공산당 정부가 지배권을 행사하고 있지만 역사주권은 한족이 아닌 동이민족에게 있다. 특히 『중국역사지도집』에서는 의도적으로 이 지역에서 우리 조선민족의 주도권을 배제시키고 있지만 고조선은 이곳을 중심으로 태동하여 중국의 하·은·주·춘추·전국시대를 거치면서 서한 이전 2000여 년 가까이 이 지역의 주인으로 존재하였다.

대릉하 유역은 지금은 비록 잃어버린 땅이 되어 우리들 기억에서조차 사라졌지만 사실은 고조선과 수천 년 동안 애환을 같이해 온 우리 민족의 고향 같은 곳이다. 우리 한민족의 역사와 문화를 탄생시킨 산실, 오늘 우리 민족의 발전에 밑거름이 된 요람이 바로 이곳 대릉하 유역인 것이다.

[주] 1) 이병도, 『한국고대사연구』, '낙랑군고', 박영사, 1987. p133~157참조.
　　2) 리지린, 『고조선연구』, '낙랑설에 대하여', 과학원출판사, 1963. p66~70.
　　　 윤내현, 『고조선연구』, '위만조선과 한사군의 위치', 일지사, 1999. p359~395 등 참조.
　　3) 『魏志』, 권3, 「明帝紀」, 景初 2년 조 및 같은 책 권8, 「公孫度傳」, 附淵 조 참조
　　4) 稻葉岩吉, '秦長城東端考', 「史學雜志」, 13편 2호
　　5) 중국사회과학원편, 『중국역사지도집』, 중국지도출판사, 1996. 1~8책 참조.

3

인류의 기원과 한민족의 탄생

1. 인류의 기원에 대한 동서양 사상의 관점

우리 역사의 뿌리를 거슬러 올라가면 단군(檀君)에 가서 닿는다. 그런데 단군(檀君)은 환인(桓因)의 손자이고 환웅(桓雄)의 아들이다. 그러므로 우리 역사의 무대에 첫 번째로 등장하는 인물은 환인이 되는 셈이다. 그렇다면 환인은 과연 어디에서 왔는가. 여기서 우리 민족사를 기술함에 있어 먼저 인류의 기원 문제를 짚고 넘어가지 않을 수 없다.

오늘날 지구상에는 약 60억에 달하는 수많은 사람들이 살고 있다. 이 세상에 이처럼 수많은 인종을 퍼뜨린 최초의 조상은 누구이며 또 그는 과연 언제 어디에서 출현했을까.

무씨사당 내부의 화상석 (武梁祠畵像石) 화상석에는 복희 · 여와 · 삼황오제 등 역대 제왕이 차례대로 그려져 있다. 이 그림이 단군설화를 형상화한 것이라는 설도 있다. 사당은 산동성 가상현 무적산(武翟山) 아래에 있다.

『신약성서』 사도행전 17:26에 "하느님께서는 한 조상에게서 모든 인류를 내시어 온 땅 위에서 살게 하셨다."라고 하였다. 『성경』에 따르면 하느님이 아담과 이브를 만들었으니, 그들이 이 세상의 첫 남자 첫 여자로서 인류의 조상이 되는 셈이다.

무씨사당 화상석 벽화

동양에서는 인류의 조상으로 반고(盤古) 또는 복희(伏羲)라는 남성과 여와 (女媧) 라는 여성이 등장한다. 여와가 황토를 이겨서 사람을 만들었다는 설이 있는가 하면 그가 복희와 혼인하여 인류를 창조했다는 설도 있다

응소(應劭)가 지은 『풍속통 (風俗通)』이란 책에 다음과

복희를 모신 사당 산동성 미산현 양성향 진장촌 앞에 있다

복희 사당 내부의 여와상

같은 이야기가 전한다. "천지가 처음 개벽하여 인류가 없을 때 여와 (女媧) 가 황토를 이겨서 사람을 만들었는데 여와는 업무가 과중하여 그러한 방법으로는 공급이 수요를 따르기 어려웠다. 그래서 그는 노끈을 진흙에 담갔다가 건져서 사람을 만드는 방식을 취했다. 그러므로 부귀하고 현명한 사람은 황토로 만든 사람이고 빈천하고 평범한 사람은 노끈으로 만든 사람이다."[1]

삼국시대 오(吳)나라의 서정(徐整)이 편찬한 『삼오력기(三五曆記)』에는 "천지가 계란처럼 혼돈상태에 있었는데 반고가 그 속에서 나왔다.(天地混沌如鷄子 盤古生其中)"는 이야기가 실려 있다.

여와가 진흙을 버무려 많은 남자와 여자들을 만들었다거나 천지가 둥근 계란처럼 혼돈상태였는데 반고가 그 사이에서 태어났다고 하는 것 등은 단지 원시적인 신화로서 일부 잡서(雜書)에 전할 뿐 인류의 기원에 대한 체계적인 기술로 보기 어렵다.

불교에서는 육도윤회를 말하는데 윤회의 끝은 해탈이지만 육도윤회의 시작이 어디인지는 분명하게 언급되어 있지 않다. 유가의 공자와 맹자, 도가의 노자와 장자 역시 인류의 기원에 관해 구체적으로 언급한 바는 없다. 노자는 『도덕경』에서 "도에서 하나가 생기고 하나에서 둘이 생기고 둘에서 셋이 생기고 셋에서 만물이 생겨난다."[2]라고 말하였고, 공자는 『주역』에서 "태극에서 음양이 나오고 음양에서 사상이 나오고 사상에서 팔괘가 나온다."[3]라고 하였다.

노자와 공자는 인간과 자연의 발생에 대해 극히 원론적인 차원에서 언급하고 있을 뿐이다. 이는 인간이 어떻게 살아야 하느냐 하는 당위론에 초점을 맞추고 인간이 어디에서 왔는가 하는 기원에 관한 문제는 그다지 중요시하지 않은 데 기인한 것이라고 하겠다.

동양에서 인류의 발생에 관한 논의는 송(宋)대 성리학자들에 의해 본격적으로 시작되었다. 주염계(周濂溪)는 그의 저서 『태극도설(太極圖說)』에서 "무극의 진리와 음양오행의 정기가 묘하게 합쳐져서 엉기어 건도(乾道)는 남성으로 되고, 곤도(坤道)는 여성으로 되어 두 기운이 서로 감응하여 만물을 화생한다. 만물이 태어나고 태어나서 변화가 무궁한데…… 인간은 음양오행의 정기(秀氣)를 받고 태어나 가장 신령하다."[4]라고 설파했다.

주염계는 여기서 인류 최초의 남성과 여성이 언제 어디서 발생하였는지는 언급하지 않았지만 음기와 양기 두 기운의 교감작용에 의해 만물이 생긴다는 사실과 인간이 음양의 가장 빼어난 정기를 받고 태어난 존재라는 사실을 언급하였다.

소강절(邵康節)은 『황극경세』란 책에서 우주와 인류의 생성 소멸을 원(元) · 회(會) · 운(運) · 세(世) 4단계로 나누고 1간지(干支)를

1만 8백 년으로 설정하여 12지(支) 12만 9천 6백 년을 우주가 생성했다 소멸하는 1주기로 파악했다.

따라서 그는 자운(子運) 1만 8백 년 동안에 하늘이 열리고 축운(丑運) 1만 8백 년 동안에 땅이 열리고 인운(寅運) 1만 8백 년 동안에 인류가 탄생한다고 하였다. 소강절 역시 하늘과 땅이 열린 뒤 2만 천 6백 년이 되면 그때 인류가 비로소 탄생한다는 사실만을 말했을 뿐 인류가 언제 어디서 최초로 출현했다는 사실은 언급하지 않았다.

19세기 중엽 이후 서구의 학자들이 인류의 기원 문제를 제기하면서 이것이 사람들의 관심 대상이 되기 시작하였다. 영국의 동물학자 다윈은 1859년 『종의 기원』을 통해 생물이 한 종에서 다른 종으로 진화한다는 가설을 내놓았다.

진화론에서는 인간이 원숭이에서 진화했거나 원숭이와 동일한 조상을 가졌다고 생각한다. 대부분의 고고학자와 인류학자들 사이에서 인류의 기원은 다원일까 일원일까를 두고 일던 고민은 다윈의 진화론 이후 일원론으로 정리되었다.

인류의 기원에 대한 논의는, 서구적 관점은 기독교의 창조론과 다윈의 진화론으로 요약되고, 동양적 관점은 유가의 영장론으로 귀결된다. 인간은 과연 진화론의 주장처럼 원숭이로부터 진화되었는가 아니면 기독교나 유가의 주장처럼 처음부터 여타의 동물과는 다르게 만물의 영장으로 창조되어 동물과는 완전히 구별되는 존재인가.

원숭이가 진화해서 인간이 되었다면 동물원에 있는 원숭이는 왜 아직도 진화하지 않고 원숭이인 채로 있는 것인가. 원숭이가 인간으로 진화한 다음에는 원숭이는 없어지고 인간만 남아있어야 하는데 지금 원숭이는 원숭이의 모습 그대로 있다.

이것은 인종(人種)과 원종(猿種)이 본래 다른 종이라는 것을 말하는 것이 아닐까. 원시시대의 고인(古人)은 원숭이처럼 생겼다는 것이지 원종(猿種)은 아닐 수도 있다. 동양적 영장론에 따르면 다윈의 주장처럼 원종(猿種)이 발전하여 인종(人種)이 된 것이 아니라 인종(人種) 자체가 진화하여 오늘의 인류(人類)로 발전했을 가능성이 높다.

2. 고고학적으로 본 지구상 최초의 인류

오늘날 아프리카에는 소말리아를 위시한 가난한 나라들이 있으며 흑인들이 주로 살고 있다. 그런데 지구상 인류의 발상지가 아프리카, 특히 동아프리카지역이라는 것이 세계 고고학계의 공통된 의견이다.

고고학에서 인류가 아프리카에서 기원했다고 보는 이유는 두 가지다. 하나는 300~400만 년 전의 초기 인류라 볼 수 있는 고원(古猿) 화석의 최초 실물이 아프리카에 있다는 것이고, 다른 하나는 유전인자에 대한 연구를 통해서 볼 때 현대인들은 모두 아프리카에서 기원했다는 것이다.

인류학의 연구에 따르면 약 260만 년 전에 고원(古猿)이 진화하여 호모 하빌리스(Homo habilis : 손재주 있는 사람)가 출현하였고 약 150만 년 전에 호모 하빌리스가 진화하여 호모 에렉투스(Homo erectus : 곧선사람)가 출현하였다.

그리고 약 20만 년 전에 호모 에렉투스가 진화하여 현재 인류와 비슷한 수준의 뇌용량을 가진 호모 사피엔스(Homo sapiens : 슬기사람)가 출현하였고, 약 5만~4만여 년 전에 호모 사피엔스가 진화하여 현생인류의 직접조상인 호모 사피엔스 사피엔스(Homo sapiens sapiens : 슬기슬기사람)가 출현함으로써 고원으로부터 인류에 이르는 진화 과정을 완성하였다고 한다.

현재까지의 발견지를 근거로 할 때 지구상 최초의 인류는 동아프리카의 호모 하빌리스로 여겨지고 있다. 호모 하빌리스는 호모 에렉투스에 비해서 원시적인 모습이 역력했지만 그 체질과 형태는 아프리카 남방의 고원(古猿)보다 진보적인 면이 두드러졌다. 또한 두 발로 걷고 석기 공구를 제작하였으므로 그를 지구상 최초의 인류로 판정하는 것이다.

3. 고고학적으로 본 아시아 최초의 인류

　20세기 후반 이래 학계에서는 한 목소리로 인류의 아프리카 기원설을 긍정했다. 그러나 동양에서도 인류학과 고고학이 100여 년의 역사를 갖게 되고 또 아시아 남방을 비롯한 각 지역에서 인류의 기원과 유관한 고원화석(古猿化石)이 발견되면서 아시아를 인류 요람의 하나로 보는 견해가 제기되고 있다.

　중국 운남성의 녹풍(祿豊)·개원(開遠)·원모(元謀) 등지에서 수백만 년 전의 고원화석이 대량으로 발견된 것을 계기로 인류 기원에 대한 인식에 변화가 일고 있다. 아프리카뿐만 아니라 아시

녹풍현의 고원이 발견된 지점

아를 인류의 주요 발상지의 하나로 보는 견해가 강하게 대두되고 있는 것이다.

1965년 운남성(雲南省) 원모현(元謀縣) 상나방촌(上那蚌村)에서 두 개의 앞이빨 화석과 일부 거친 석기, 그리고 불에 탄 작은 뼛조각들이 발견되었다. 측정 결과 이것은 대략 170만 년 전 구석기 시대 인류의 이빨과 유물로 판명되었다.

아시아에서는 원모인 이외에 섬서성(陝西省) 남전현(藍田縣)의 남전인(藍田人), 북경 주구점(周口店)의 북경인, 안휘성 화현(和縣)의 화현인(和縣人), 요령성 영구현(營口縣)의 금우산인(金牛山人) 등의 인류화석이 발견되었다.

그러나 연대상으로 볼 때 이들의 생존 시점은 대체로 100만 년을 넘지 않는다. 따라서 지금까지의 발견을 바탕으로 할 때 아시아 최초의 인류는 원모인이라고 말할 수 있다.

4. 우리나라 최초의 인류는 누구인가

　우리 민족은 인종상으로는 황인종에 속하고 언어학적으로는
알타이어계에 속한다. 우리 민족이 언제 어디서 기원했는가에
대한 결론은 아직까지 나지 않은 상태다. 한국의 고등학교 국사
교과서에는 우리나라에 사람이 살기 시작한 것은 약 70만 년 전
구석기시대부터라고 추상적으로 기록되어 있다.

　그런데 북한의 『조선통사』에서는 조선반도를 포함한 동북아
시아 일대에서 원시무리를 이루고 살던 사람들이 남긴 여러 유
적들 가운데서 가장 오래된 것은 평양시 상원군 흑우리에서 발
굴된 100만 년 전의 검은모루 유적이며, 그곳은 구석기시대 전

상원군의 검은모루 유적지 평양시 상원군 검은모루 마을에 있는 이 동굴유적은 지금까지 알려진 구석기시대 유
적들 가운데 가장 빠른 시기의 것이다

기에서도 이른 시기에 속한다고 하였다. 평양의 검은모루 유적은 170만 년 전으로 추정되는 중국 운남성의 원모인 유적보다는 늦고 50만 년 전으로 평가되는 북경원인 유적보다는 빠르다.

그러나 먼 옛날 우리 조상들은 한반도를 중심으로 생활하지 않고 산동반도 · 요동반도 · 한반도를 포함한 동북아시아지역에 넓게 분포하여 살았다. 특히 우리 민족 최초의 국가 고조선은 요령지방을 중심으로 성장하여 점차 인접한 군장사회들을 통합하면서 한반도에까지 이르렀다.

그러므로 우리 민족의 발상지 또한 요하 대릉하 유역 일대일 가능성이 높고 문헌상 우리 민족 최초의 조상으로 말해지는 환인 · 환웅도 바로 요하 대릉하 유역 어딘가에 첫발을 내딛고 한민족사의 출발을 알렸을 것이다.

따라서 우리나라 최초의 인류가 누구인지 밝혀내기 위해서는 요하 유역과 요서 대릉하 유역에 대한 본격적인 발굴 조사가 이루어져야 한다. 다만 오늘날 불행하게도 이 지역의 영토주권이 중국에 귀속되어 그 유적과 유물의 발굴조사 작업에 우리가 주도적으로 참여할 수 없는 안타까움이 있다.

중원의 황하문명을 능가하는 홍산문화가 요하 유역과 대릉하 유역에서 꽃피었던 사실이 고고학의 발달과 함께 차츰 확인되고 있다. 아시아문명을 창조하고 선도한 요하문명의 주역이 고조선의 조상임을 감안한다면 언젠가 운남의 원모인을 앞지르는 동아시아 최초의 인류가 이곳에서 발굴될 가능성도 배제할 수 없다고 하겠다.

[주] 1) 馬驌, 「繹史」, 권3, 대북광문서국, p4 참조.

　　2) "道生一 一生二 二生三 三生萬物"

　　3) "太極生兩儀 兩儀生四象 四象生八卦"

　　4) "無極之眞 二五之精 妙合而凝 乾道成男 坤道成女 二氣交感 化生萬物 萬物生生

　　　變化無窮焉……惟人也得其秀而最靈"

4

북경원인과 우리 민족

1. 최초로 불을 사용한 북경원인

    1929년 겨울, 중국 고고 발굴 조사단은 북경시 서남쪽에 위치한 방산현(房山縣) 주구점(周口店) 일대를 중심으로 발굴 조사 작업을 벌였다. 이 조사단에 참여한 젊은 고인류학자 배문중(裵文中)은 12월 2일 주구점 용골산(龍骨山) 동굴에서 태고시대 인류의 두개골 화석을 발굴하였다. 이른바 '북경원인(北京猿人)'이 발굴된 순간이었다.

북경원인이 거주하던 동굴 해발 128미터의 산위에 있으며 동굴 입구로부터 밑바닥까지의 길이는 90미터나 된다

　당시 북경원인 두개골 화석의 발견은 획기적인 사건으로서 전 세계를 깜짝 놀라게 했다. 그 후 고고학자들은 발굴 작업을 계속 진행하여, 비교적 완전한 형태를 보존하고 있는 북경원인 두개골 화석 5개와 기타 부위의 골격 화석을 발견하였다.

　북경원인은 지금으로부터 약 50만~20만 년 전에 생활했던 직립인(直立人) 단계에 속하는 인류로 파악되고 있다. 북경원인은 원숭이의 특징을 일부 가지고 있지만 손과 발의 기능이 명확하게 분화되었으며 도구를 만들어 사용할 줄도 알았다.

　또한 북경원인 유적에서는 고대 인류의 유골과 함께 다양한 유물이 풍부하게 출토되었다. 대량의 석기(石器)와 석편(石片) 등을 포함한 총 10만 여 점에 이르는 유물이 발굴되었다. 특히 대량의 목탄과 큰 재무더기, 불에 탄 돌멩이, 짐승의 뼈와 나무씨 등도 발견되었다. 이는 북경원인들이 이미 불을 사용하였으며 불씨를 보존할 줄도 알았다는 사실을 말해 준다.

불의 사용은 인류 진화 과정에서 획기적인 진보를 가져왔다. 북경원인들은 불로 음식을 구워 먹고 짐승을 쫓았으며, 또 어둠을 밝히고 추위를 막았을 것이다. 이때로부터 인류 최초의 원시 사회가 시작되었다고 하겠다.

2. 북경원인은 한족(漢族)의 조상인가

북경원인은 중국의 초·중·고교 역사교과서의 첫 페이지를 장식하고 있다. 그렇다면 한족이 북경원인의 후손이란 말인가? 결론부터 말한다면, 북경원인은 한족의 직접적인 조상이 될 수 없다. 그 이유는 다음 두 가지로 요약된다.

첫째, 오늘날 중국은 무려 960만 평방 킬로에 달하는 방대한 영토를 보유하고 있다. 이는 세계 3위 규모로 러시아·캐나다 다음으로 크고, 아시아에서는 첫 손가락에 꼽힌다.

하지만 역사를 거슬러 올라가 보면 상고시대에 중국의 지배영역은 그렇게 넓지 않았다. 그 영역은 하남성·섬서성을 중심으로한 서방과 중원에 한정되어 있었다. 북경원인이 발견된 하북성은 동북방의 동이지역에 편입되어 있던 곳으로, 중원과는 역사와 문화가 전혀 다른 지역이다. 따라서 북경원인이 오늘날의 중국 영토에서 발견되었다 하더라도 그것을 곧바로 한족의 직접 조상으로 간주하기는 어렵다.

둘째, 오늘날 중국의 민족 구성을 살펴보면 전체 56개 민족 가운데 한족이 90% 이상을 차지하고 기타 소수 민족은 통틀어 10%에도 못 미친다. 한족의 인구가 압도적인 우위를 차지하고 있음을 알 수 있다. 하지만 한족의 기원을 따져보면 그들은 중국의 토착인이 아니고 신석기시대에 서방에서 이주해온 외래 민족이라는 것이 중국 역사학계의 정설이다. 중국민족 서방기원설이 그것이다.

황제(黃帝)를 시조로 하는 한족 내지 화하족(華夏族)이 중국의 토착인이 아니며, 서방으로부터 이주해 왔다는 주장은 19세기 중엽 이래 서구 학자들에 의해 꾸준히 제기되어 왔다. 여러 학자들은 각기 한족의 기원지로 중남반도(中南半島)·인도·중앙아시아·우진(于闐)·미주(美洲) 등을 거론하며 다양한 주장을 펼쳤다.

그런데 여러 학설들 가운데 중국 학자들의 주목을 받고 20세기 초반, 30년 동안 논쟁을 유발시킨 이론은 '바빌론설'이다. 이것은 중국인이 유프라테스·티그리스강 유역의 바빌론으로부터 이동해 왔다는 주장으로, 프랑스인 테리앙 드 라쿠페리 (Terrien de Lacouperie)가 제기한 것이다.

영국 런던대학 교수였던 라쿠페리는 1894년 『중국고문명서원론(中國故文明西源論 Western Origin of the early Chinese civilization)』이라는 책을 저술하였다. 여기서 그는 서아시아와 중국의 고대사를 비교 연구하여 고대 중국 민족이 바빌론에서 이주해 왔다는 사실을 증명했다.

그의 학설을 요약하면 다음과 같다. "바빌로니아 고대사에 등장하는 나이황디(Nai Hwang Ti 혹은 Nakhunee)가 티그리스 강변에서 전공(戰功)을 세웠다. 그는 기원전 2282년 바커(Bak) 민족을 인솔하여 동쪽으로 이동해 왔는데, 파키스탄에서 출발하여 카스허얼(喀什喝爾)을 경유하여 타리무강(塔里木河)을 따라 곤륜산(崑崙山)의 동방에 도착하였다. 바커 민족을 이끌고 동쪽으로 이동해온 추장(酋長)이 바로 중국 고대 역사상의 황제(黃帝)이다."[1]

라쿠페리가 제기한 '중국민족 서래설(西來說)'은 중국에 유입된 후 한 시대를 풍미했다. 이 서래설은 당시 학계에서 크게 유행했을 뿐만 아니라 사실상 국민 공통의 신념으로 확립되었다고 해도 과언이 아니다. 그것은 당시 유사배(劉師培)가 편찬한『중국역사교과서』와 원세개(袁世凱)가 제정한 애국가에 한족의 서래설이 나타나고 있다는 사실에서 잘 알 수 있다.[2]

심지어 중국민족의 국부로 추앙받는 손문(孫文)도 중국민족의 내원을 설명하면서 이렇게 말했다. "중국민족의 내원을 말할 때 어떤 사람은 백성(百姓) 민족이 서북방에서 이주해 왔는데, 총령(蔥嶺)을 지나 천산(天山)에 도달하고 신강(新疆)을 경유해서 황하 유역에 이르렀다고 한다. 중국 문화의 발상지에 비추어 본다면 이러한 이론이 매우 이유가 있는 것 같다."[3]

손문은 중국의 한족이 토착인이 아니며 외국인이라는 사실을 다음과 같이 갈파하기도 하였다. "역사를 고찰해 보면 옛적의 요순·우탕·문무는 모두 주강(珠江) 유역에서 태어난 것이 아니라 서북쪽에서 태어났다. 주강 유역은 한(漢)왕조시대까지도 그대로 만이(蠻夷)였다. 그러므로 중국문화는 서북방에서 온 것이다. 바로 외국에서 온 것이다. 중국 사람들은 인민을 백성이라고 부른다. 이에 대해 어떤 외국인은 이렇게 말한다. 서방에서 옛적에 백성이라고 부르던 한 민족이 있었는데, 이들이 뒤에 중국으로 이주해 와서 원주민인 묘 민족을 소멸시키거나 동화시킨 뒤 오늘의 중국민족으로 성장하게 되었다."[4]

이상의 몇 가지 사례에서 알 수 있듯이, 한족이 중국의 토착민족이 아니며 서방에서 이주해 왔다는 것은 당시 중국의 학계와 일반의 보편적인 관점이었다. 그러나 이후 고고학의 출현으로 중국민족 서방 기원설은 점차 약화되었다.

고고학은 근대에 새롭게 수립된 학문이다. 지하에서 고대의 유물을 발굴하여 문헌 이외의 증거로 삼는 고고학은 그 과학 정신과 방법으로 감히 거부할 수 없는 신사조가 되었다. 고대사의 난제를 해결하는 유일한 방법이 되고 있는 것이다.

중국에서 서래설을 반대하는 학자들은 특히 고고학의 중요성을 강조한다. 고고학적 조사를 통해서 50만 년 전의 북경원인 170만 년 전의 원모인이 발굴되면서 인류의 중국 기원설이 차츰 대두되었다. 그리고 이에 근거하여 중국민족이 서방에서 온 것이 아니라 자생했다는 설을 주장하는 견해가 늘어 가고 있는 추세이다. 다시 말해 구석기와 신석기시대의 유적이 중국 영토에서 발굴되기 시작하자 서래설에 대하여 부정적인 태도를 갖게 된 것이다.

그러나 아직은 서래설을 대체할 만한 새로운 학설이 정립되었다고 보기는 어려운 상태이다. 지금도 서래설이 중국학계의 통설로 받아들여지고 있다는 사실은, 중국역사박물관장 유위초(俞偉超)교수가 쓴 『화하문명사도감(華夏文明史圖鑑)』(2000년 간행) 서문(序文)에 잘 드러나 있다.

"최근의 유전자 연구 결과에 따르면 300만 년 전 동아프리카 오스트랄로피테쿠스(Australopithecus afarensis)가 인류의 직계 조상이다. 그리고 적어도 170만 년 전에 직립인의 족적(足

跡)이 이미 중국대륙에 도달하였으며 지인(智人) 단계에 이르러서는 그 분포가 중국 대륙의 대부분 지역에 두루 미쳤다."

증송우(曾松友)는 『중국 원시사회의 탐구』라는 저서에서 여러 가지 논거를 들어 북경원인은 한족의 직접 조상이 아니라는 사실에 대해 누누이 언급하였다. 그의 논지를 요약하면 다음과 같다.

"북경원인이 한족의 직접 조상이라면 한족의 중국 문화사가 구석기시대 초기에 시작되었다는 이야기가 된다. 그러나 한족의 문화 분포 구역을 따져보면 모두 신석기시대에 국한되어 있다. 한족이 중앙아시아에서 중국에 이주해 온 것은 구석기시대 이후의 일이며, 가장 빨라야 구석기 말기나 또는 신석기 초기에 시작되었다고 할 수 있다. 한족이 중국지역으로 이동해 온 것은 구석기 중기 이후의 일이다. 한족은 구석기시대 초기에 중국지역에 이주해 오지 않았다. 구석기시대 초기엔 중국에 한족이란 존재가 없었다. 북경원인은 제 1차 간빙기(間氷期)시대의 인류이다. 그렇다면 신석기 초기, 중국지역으로 전입한 한족과는 서로 수십만 년의 차이가 있다. 따라서 북경원인을 한족의 직접조상이라고 주장하는 것은 착오가 아니고 무엇이겠는가."

그는 이 글을 다음과 같은 말로 마무리지었다.

"북경원인은 결코 한족의 직접 조상이 아니다. 이러한 설명에 대하여 어떤 사람은 반대하며 우리들 한족의 역사를 모독 한다고 말할 수도 있을 것이다. 그러나 나는 거기에 대해 적극적으로 회답하지 않을 수 없다. 사실이 결정하는 것이며 그러한 허황된 기대는 실패하는 것이다."[5]

　우리는 이런 양심적인 중국 역사학자들의 주장에서 북경원인이 한족의 직접조상이 아니라는 사실을 확인할 수 있다.

3. 고대 북경은 동이족의 활동 무대였다

　　북경원인이 한족의 조상과 직접 관련이 없다면 북경원인은 과연 어느 민족의 조상일까? 이 문제의 해답을 얻기 위해서는 북경지역의 변천사를 살펴볼 필요가 있다.

　　오늘날 북경은 13억 중국인의 수도이다. 하지만 북경은 지리적으로 중국 대륙의 중원이 아닌 동북방에 속한다. 고대 사회에서 화하족은 하남성 · 섬서성을 위주로 하는 관중 지대를 지키고 살았다. 역사적으로 한족, 즉 화하족은 중국 대륙의 서방을 근거지로 생활하던 민족이었다. 그래서 그들의 수도는 서주(西周) · 진(秦) · 한(漢) · 수(隋) · 당(唐)에서 보듯이, 함양 · 장안 · 낙양 등 항상 대륙의 서쪽 지역에 위치해 있었다.

　　이에 비해 산동성 · 하북성 · 요령성 등지의 동방 · 동북방지역에는 예로부터 동이족들이 터전을 이루고 살았다. 오늘날의 하북성, 즉 북경지역은 산융(山戎) · 동호(東胡) · 예(濊) · 맥(貊)과 같은 동이족들이 살던 중원의 변방이었다.

　　한(漢) 왕조 이후 최초로 북경을 수도로 삼은 나라는 거란족이 세운 요(遼)나라였다. 그때는 북경을 남경(南京) 또는 연경(燕京)이라 불렀다. 이후 금(金)나라때는 중도(中都), 원(元)나라때는 대도(大都), 명 · 청(明淸)시대에는 경사(京師)라고 불렀다. 금나라는 여진족이 세운 나라이고 원나라는 몽고족, 청나라는 만주족이 세운 나라이다. 이들 민족은 중원의 화하족 · 한족과는 다른 동이

계열에 속하는 민족이다. 북경이 지역적으로 동북에 치우쳐 있다 보니 주로 동방의 동이족들에 의해 수도로 활용되었음을 알 수 있다.

역사를 더 거슬러 올라가면 은(殷)나라 초기와 요순시대의, 순(舜) 임금이 다스리던 수도가 기주(冀州)였는데 이곳이 바로 오늘날의 북경이다. 은나라가 화하족이 아닌 동이족이 세운 나라라는 것은 중국 역사학계의 통설이다. 『서경』에 "주는 억조의 동이인을 거느리고 있다.(紂有億兆夷人)"는 구절이 있다. 주(紂)는 은나라의 마지막 임금이다. 이 내용은 은나라가 동이족임을 증명하는 결정적인 자료가 된다. 또한 순임금이 동이지인(東夷之人)이라는 사실은 맹자가 분명하게 언급한 바 있다.

그리고 요순시대보다 더 거슬러 올라가면 황제시대(黃帝時代)가되는데, 당시 동이의 천자(天子)였던 치우(蚩尤)의 근거지가 바로 오늘날의 북경시에서 그리 멀지 않은 탁록(涿鹿)에 있었다.

당시 황제는 화하족의 지도자로 황토고원을 중심으로 중국 대륙 서쪽에 기지를 두고 있었고, 치우는 동이족의 지도자로 탁록을 중심으로 동북방에 근거지를 두고 있었다. 이때 동아시아 역사상 최초의 전쟁인 화하족 추장 황제와 동이족 추장 치우 간의 탁록대전(涿鹿大戰)이 벌어졌다.

중국의 여러 사서들은 이 전쟁에 대한 기록에서 치우를 침략자 · 반항아 · 전쟁주의자로 묘사하고 있다. 그러나 그것은 어디까지나 승자의 입장에서 왜곡한 내용일 뿐이다. 만일 치우족이 황제족을 침략하여 공격했다면 그 전쟁터는 섬서성 어느 지역이

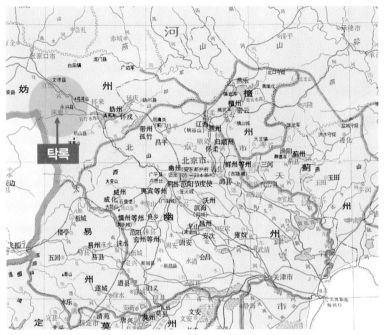

「중국역사지도집」의 서한시기 지도

어야 마땅하다. 그런데 이 전쟁의
최후 결전지였던 탁록은 치우족
의 수도였다. 이처럼 동이족의 활
동 무대인 탁록에서 전쟁이 벌어
졌다는 사실은 서방의 황제족이
동방의 치우족의 터전을 침략해
온 것임을 분명하게 알려준다.

　치우시대보다 더 앞선 시기는
구석기시대다. 구석기시대에 이

치우 성채 안내 표지석

치우 성채가 있던 마을

지역에서는 북경원인이 살았다. 따라서 주구점 일대(북경시 서남쪽 50킬로미터 지점)에서 생활하던 북경원인이야말로 북경지역 최초의 거주민이었다. 북경 주구점 일대는 서쪽과 북쪽이 높은 산으로 둘러싸여 우거진 숲이 무성하고, 남쪽과 동쪽으로는

앞이 탁 트인 채 화북(華北) 대평원이 펼쳐져 있다. 그리고 산 언덕을 따라 흘러내려 온 한 줄기 맑은 시냇물이 마을 앞을 휘감아돈다. 그야말로 한 폭의 그림을 연상케 하는 지역이다. 이곳에서 지금으로부터 약 50만~20만

탁록에 있는 황제성 안내 표지석

북경 주구점에 있는 용골산 해발 약 150미터 높이에 위치한 이 산에서 50만년~20만년 전 북경원인이 생활하던 동굴 다섯 곳이 발견되었다.

년 전에 북경원인이 생활했던 것이다. 이처럼 북경은 현재는 중국의 수도이지만 북경원인 이래 줄곧 동이족의 주요 활동 무대였던 것이다.

4. 북경원인은 동이족의 조상이다

　북경원인은 현대 중국 한족과 직접적인 연관이 있다는 아무런 증거도 찾을 수 없다. 북경은 현재 중국의 수도가 되어 있지만 지난 역사상에서는 동북지역으로 중원에 포함되지 않았다. 한족은 중국 대륙의 서북지방을 근거지로 출발한 민족이다. 따라서 지리적으로 볼 때 동북의 하북성에 위치한 북경원인이 한족의 직접 조상일 가능성은 희박하다.

　한족과 관련된 중국 경내의 모든 유물 유적은 신석기시대로 한정되고 있다. 그러므로 시간적으로 구석기시대의 인류인 북경원인의 유적을 한족과 연결시키는 것은 무리가 있다.

　한족은 중국의 토착민이 아니고 서방에서 이동해온 외래 민족으로 보는 것이 중국학계의 통설이다. 따라서 민족적으로 볼 때 북경원인을, 신석기시대에 서방에서 중국으로 이주해 온 한족의 직접 조상으로 보는 것은 논리적으로 모순이 있다. 북경원인은 지역적으로나 시간적으로나 민족적으로 한족의 직접 조상이 되기는 어려운 것이다.

　그러면 신석기시대 이전 구석기시대부터 중국 동북지역에서 터전을 이루고 살아온 토착민족은 어떤 민족인가? 그것은 삼묘족(三苗族)이라는 관점이 근대 중국 역사학계의 지배적인 견해였다. 예컨대 장태염(章太炎)의 경우 "황제가 중국에 쳐들어와 토착민의 군장인 치우와 판천(阪泉)에서 싸워 그 종족을 패망시켰고

그 후 다시 하우(夏禹)의 정벌을 거쳐 삼묘가 완전 멸망하게 되었다."고 하였다.[6]

황제는 서방에서 동방으로 이주해 온 한족의 시조인데 황제가 삼묘의 임금 치우와 싸워서 이기고 중국을 지배하게 되었다고 한다면, 삼묘가 고대 중국의 토착민족이고 한족은 중국에 침략해 온 외세가 확실한 것이다.

묘족은 하우시대에는 삼묘족으로, 치우시대에는 구려족(九黎族)으로 불렸고 치우는 바로 오늘날의 북경시 탁록 지구에 거주하던 구려족의 지도자였다. 구려는 구이(九夷)의 전신이며 구이는 동방의 동이족을 대표하는 아홉 개 부족이다. 따라서 북경원인은 동이민족의 직접 조상이라고 말할 수 있는 것이다.

5. 북경원인과 우리 민족

문헌학적으로 본 북경원인과 우리 민족

『시경』 대아(大雅) 「한혁편(韓奕篇)」에 기원전 800년 경 중국 서주시대에 예맥족의 나라 한국(韓國)이 있었다는 기록이 나온다. 한국에 대한 기록은 비단 『시경』뿐 아니라 『좌전(左傳)』『국어(國語)』 등에도 보인다.

그러면 이 당시 한국이 과연 오늘의 어느 지역에 위치해 있었던 것일까? 서주시대 한국의 위치에 대해 역사적으로 이론이 분분하였다. 어떤 사람은 "본래 섬서성 한성현(韓城縣)에 있었는데 뒤에 하북성 고안현(固安縣)으로 옮겼다."고 말하기도 하고 어떤 사람은 "하북성 고안현에 처음 봉했는데 뒤에 섬서성 한성현으로 옮겨갔다."고 말하기도 한다.

심장운(沈長雲)은 '서주이한국지리고(西周二韓國地理考)'에서 여러 사람의 학설을 종합 분석하여 "두 개의 한국이 있었는데 하나는 오늘의 섬서성 한성현에 있었고 하나는 오늘의 하북성 고안현에 있었다."[7]고 말했다.

오늘에 전하는 사료 중에 고대 한국의 실상을 다룬 기록을 찾기란 쉽지 않다. 다행히 『시경』 「한혁편」에는 고대 한국과 관련된 매우 풍부한 내용들이 담겨 있어 이를 자세히 검토한다면 그 대강의 윤곽을 파악하는데 도움이 될 수 있다.

「한혁편」 시 첫머리에 "크고도 큰 양산(奕奕梁山)"이라고 말한 것으로 보아서 한국은 양산 부근 어딘가에 있었던 것이 확실하다. 양산은 중국 경내의 여러 군데서 그 지명을 찾을 수 있다. 그러나 시 본문 중에 "커다란 저 한국의 성이여(溥彼韓城) 연나라 군대가 완성시킨 것이다.(燕師所完)"라는 표현이 있고, 또 동한(東漢) 왕부(王符)의 『잠부론(潛夫論)』에도 『시경』 「한혁편」 중의 한국을 설명하면서 "그 나라는 연나라와 가깝다.(其國近燕)"고 하였다. 그렇다면 「한혁편」 중의 양산은 지리적으로 연나라 부근에

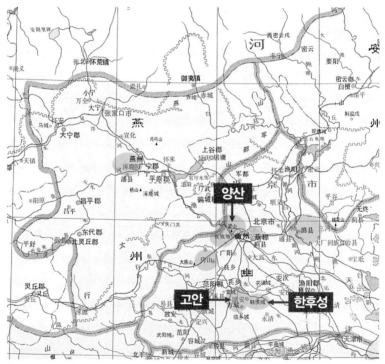

『중국역사지도집』의 남북조시대 위나라 지도 위나라때 까지도 양산과 한후성이라는 지명이 그대로 보존되어 있는 것을 볼 수 있다.

서 찾는 것이 옳다. 『수경주(水經註)』 포구수(鮑丘水) 조에는 이런 기록이 있다.

"포구수는 남쪽으로 노현(潞縣) 서쪽을 경과한다.…… 고양수(高粱水)가 그곳에 주입되는데 습수(濕水)를 여릉언(戾陵堰)에서 만난다. 이 물 북쪽에 양산이 있다. 한 무제의 아들로 반역을 꾀하다 자살한 연자왕(燕刺王) 단(旦)의 능(陵)이 이 산에 있기 때문에 그래서 여릉언이란 명칭을 붙였다. 이 물은 여릉언에서 지류가 갈라져 동쪽으로 양산 남쪽을 지나 흘러간다."[8]

여기서 말하는 노현은 바로 오늘의 북경시 통현(通縣)이고 그 서쪽에 양산이 있으니 바로 고안현(固安縣) 동북쪽에 해당한다. 『고한현지(固安縣志)』에 따르면 "고한국의 유지(遺址)가 현의 동남쪽 18리에 있다.…… 지금 현의 남쪽에 있는 한채영(韓砦營)이라는 곳이 이곳이다."[9]라고 하였다. 『시경』「한혁편」가운데 말하는 한국은 바로 오늘 북경 고안현 지역에 있었다는 사실을 확인할 수 있다.

그리고 한 가지 주목할 점은 중국 삼국시대 위(魏)나라의 학자 장안(張晏)은 "조선에 습수(濕水)·열수(洌水)·산수(汕水)가 있어 3수가 합해서 열수가 되는데 낙랑 조선이란 이름은 아마도 여기서 취한 듯하다."고 하였다. 이는 고조선에 습수가 있었다는 사실이 분명하다.

그런데 고대 한국이 있던 양산 부근에 바로 그 습수가 있다는 것은 고한국이 고조선과 그리 멀지 않은 곳에 서로 이웃해 있었다는 사실을 미루어 짐작하기에 어렵지 않다.

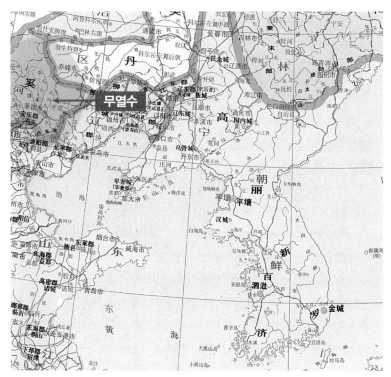

「중국역사지도집」의 남북조시대 위나라 지도 무열수는 바로 오늘날의 난하 상류의 명칭이었다.

　현재 하북성 낭방시(廊坊市) 소속인 고안현은 연나라의 도읍 유
적지로 평가되는 유리하(琉璃河) 부근에 있다. 그리고 유리하에서
북쪽으로 북경원인의 유적이 있는 주구점까지는 아주 가까운 거
리다.

　서주 무왕이 상나라를 멸망시키고 서주를 세운 이후 서화족이
비로소 동방 · 남방 · 북방으로 진출하게 되었으며 그 이전에는
그들의 세력이 서방에 한정되어 있었다. 즉 서주 이전에는 대륙
의 동방 · 남방 · 북방의 영토가 모두 동이족의 거주지였다는 것

을 『좌전』 소공 9년 조의 기록이 잘 말해 준다.[10]

특히 북경원인이 발견된 지역은 중국 대륙의 동북방에 위치한 곳이다. 숙신 · 연 · 박이 이 지역의 토착민인데, 숙신은 조선의 다른 이름이고 박(亳)은 '밝 · 밝달'의 한자식 표기이다.

연(燕)은 이 지역 내에 유명한 연산이 있고 연산 밑에는 평야지대 연지(燕地)가 있다. 연이라는 국가명은 여기서 유래했다. 문헌기록에 따르면 이 지역의 최초 명칭은 유주(幽州)이다. 가령 『상서(尚書)』「순전(舜典)」에 전국의 지역을 12주로 나눌 때 유주가 그 가운데 하나였다.

유주의 지리적 방위에 대해서는 『주례』「직방씨(職方氏)」에 "동북을 유주라 한다.(東北曰幽州)"고 하였다. 유주의 지리적 범위는 대체로 오늘의 북경시 · 천진시 · 하북성의 북부 및 내몽고의 동부지구를 포괄한다.

『이아』「석지(釋地)」의 "연을 유주라 한다.(燕曰幽州)"는 곽박(郭璞)의 주(註)에 "역수에서 북적까지가(自易水至北狄) 유주이다."라고 하였다. 형병(邢昺)의 소(疏)에는 「지리지」를 인용하여 "탁군 고안현 염향에서 역수가 흘러나와 동쪽으로 범양에 이르러 유수(濡水)에 들어가는데 이 역수로부터 북적에 이르기까지가 유주의 경계이다."[11]라고 보다 구체적으로 설명하였다.

형병의 소에 따르면 역수에서부터 북적까지가 유주의 경내인데, 역수는 탁군 고안현 염향에서 나온다고 하였다. 그런데 여기서 말하는 탁군 고안현은 바로 서주시대 고한국이 있던 지역이라는 사실을 위에서 사료를 통해 이미 확인하였다.

『시경』「한혁편」과 『이아』「석지」의 기록은 우리에게 서주시대, 지금의 북경 주구점 부근 낭방시 고안현 일대에 예맥족의 나라 고한국이 존재했다는 사실을 확인시켜 준다.

그리고 『좌전』의 기록은 서주 이전 이 지역이 고조선 밝달 민족의 영토였음을 알려준다. 따라서 북경의 원주민인 북경원인은 우리 한민족과 깊이 관련되어 있다는 사실을 미루어 짐작할 수 있다.

고고학적으로 본 북경원인과 우리 민족

1966년 평양시 상원군 흑우리(黑偶里) 상원강 기슭에 위치한 검은모루 동굴 유적에서 60만~40만 년 전의 구석기시대 유물이 출토되었다. 평양시 검은모루 유적은 시기적으로 주구점의 북경원인 유적과 같은 시대의 유적이다. 검은모루 유적에서 발견된 원숭이 · 코끼리 · 큰쌍코뿔소 · 물소 등의 동물상 화석은 북경 주구점의 화석 동물상과 비슷한 점이 많다. 이는 북경원인과 검은모루 유적에서 살던 구석기인 사이에는 밀접한 관계가 있음을 말해 준다.

1974년에는 요동반도 영구현(營口縣)에서 금우산(金牛山) 동굴 유적을 발굴했다. 이 유적의 맨 아래층에 위치한 전기 구석기시대 층에서는 포유동물 화석을 비롯해 석기와 불을 사용한 흔적이 발견되었다. 뿐만 아니라 두개골과 사지골 등 한 사람분의 완전한 인류화석이 발굴되어 세간에 비상한 관심을 끌었다. 학계에서는 이 유골을 북경 주구점 인류화석과 같은 계통으로 판단하였다.

따라서 금우산 유적을 주구점 유적의 마지막 단계에 해당하는 유적으로 보고 북경원인과 비슷한 50만~20만 년 전의 것으로 추정한다. 실제 하부층에 대한 우라늄 측정 결과 약 27만 년 전후의 것으로 밝혀졌다.

그리고 1978년 중국 요령성 본계시(本溪市) 묘후산(廟後山) 남쪽 석회암 채석장에서 발견된 동굴 유적은 북경 주구점 동굴 유적과 여러 면에서 유사성이 있다. 묘후산 유적에서는 호모 에렉투스 단계의 견치(犬齒) 화석 1과와 포유동물의 동물상이 발견되었는데, 견치화석은 북경 주구점의 호모 에렉투스 화석과 연관성이 있고 동물상 또한 북경 주구점 동물상과 비슷하다. 학자들 사이에 견해가 일치되는 것은 아니지만 이는 북경원인과 같은 인류가 요하 유역에 살고 있었다고 판단할 만한 충분한 근거가 된다.

북경원인이 우리 민족과 직접적인 혈통관계가 있느냐 하는 것은 앞으로 더 연구를 필요로 한다. 그러나 우리 민족의 주요 활동 무대였던 요하 유역과 한반도를 포괄하는 광범한 지역에서 북경원인과 유사한 형태의 원인화석과 동물상 화석들이 발굴된다는 사실은 북경원인과 우리 민족이 같은 성격의 인류였음을 말해 주는 주요한 단서가 되기에 충분하다고 하겠다.

[주] 1) 蔣智由, 『中國人種考』, 上海華通書局, 민국18. p26~30 참조.
2) 劉師培, 『中國歷史敎科書』 제1책, 寧南武氏排印本, 민국25. p2 및 魏庚人,
「中國國歌簡史」, 『西北大學學報』, 제1기, 1991. p124 참조.
3) 孫文, 『三民主義』, '민족주의 제1장' 참조.
4) 孫文 앞의 글.
5) 曾松友, 『중국원시사회의 탐구』, 대만상무인서관, 민국55. p12~25참조.
6) 徐益棠, '浙江畲民硏究導論', 『金陵學報』, 3권 2기, 민국22. p 431~432.
7) 沈長雲, '西周二韓國地理考', 『中國史硏究』, 제 2기, 1982.
8) 『水經註』 鮑丘水條 "鮑丘水南過潞縣西…… 高梁水注之 首受濕水于戾陵堰 水北有梁山
山有燕刺王旦之陵 故以戾陵名堰 水自堰枝分 東逕梁山南"
9) "在縣東南十八里 …今縣南名韓砦營者是"
10) "及武王克商 蒲姑商奄 吾東土也 巴濮楚鄧 吾南土也 肅愼燕亳 我北土也"
11) "涿郡固安縣閻鄉 易水所出 東至范陽入濡也 從此易水至于北狄 幽州之境也"

5

중원의 황하문명을 앞지른 요서의 홍산문화

1. 요서 지역의 네 가지 문화 유형

전 중국을 범위로 고고학을 통해서 문화의 유형을 구분하면 대체로 다음과 같은 다섯 가지 유형으로 나눌 수 있다.

① 동북방의 요서 홍산문화(紅山文化) ⟹ 고조선문화(古朝鮮文化)

② 동방의 대문구문화(大汶口文化) ⟹ 제로문화(齊魯文化)

③ 중원의 앙소문화(仰韶文化) ⟹ 하상주문화(夏商周文化)

④ 동남방의 양저문화(良渚文化) ⟹ 오월문화(吳越文化)

⑤ 서남방의 대계문화(大溪文化) ⇒ 파촉문화(巴蜀文化)

발해만 서안의 북경·천진지역을 포함한 연산 남북일대는 고고학적 문화구역 중에서 요서 고문화 영역에 속한다. 문화의 유형을 단순히 요서지역으로 좁혀서 보면 4종류로 정리된다. 요서지역은 이 지역 대릉하 유역에서 홍산문화가 기원했는데

신석기시대 5대문화 분포도

그 전신으로 두 개의 문화 유형이 있다. 하나는 '지(之)'자형무늬 통형관(筒形罐)을 탄생시킨 사해(査海) 유형이고, 다른 하나는 빗살무늬 통형관을 탄생시킨 흥륭와(興隆洼) 유형이다. 이 두 가지 문화 유형은 다시 전후 두 차례에 걸쳐 두 개의 새로운 지류인 조보구문화(趙寶溝文化)와 부하문화(富河文化)를 탄생시켰다.

조보구문화는 주요하게 라오하허와 대릉하 사이의 오우라이허(敖來河)·

홍산제문화 분포도

멍커허(孟克河)유역에, 부하문화는 시라무렌강 이북에 분포되어 있다. 요서 지구의 이 4종 문화 유형은 통칭하여 '홍산제문화(紅山諸文化)'라고 말할 수 있다.

고문화 영역상에서 본 요서는 현재 행정구역상의 요서와는 동일하지 않다. 그 범위는 북으로 시라무렌강에서 남쪽으로는 바다에 이른다. 동부의 변경은 요하에 미치지 못하고 서부는 장가구(張家口)의 상간하(桑干河) 상류에서 이미 해당구역의 서부 변경과 접근된다.

이를 다시 귀결시켜 본다면 요령성의 조양시(朝陽市), 내몽고의 적봉시, 북경 천진과 하북성 장가구 모두 네 군데이다. 이 지역은 예로부터 농사에 적합하고 유목에도 적합한 지역이다. 농사와 유목의 분계점이기도 하고 또 농사와 유목의 교착지대이기도 하다.

2. 동아시아 문화의 기원지 요서 사해

인류는 100만 년이라는 긴 시간을 지나서 새로운 시대를 열었다. 이것이 고고학에서 소위 말하는 신석기시대로서 석기시대의 최후단계에 속한다. 이 시기에 인류의 생산도구는 타제석기(打製石器)에서 마제석기(磨製石器)로 발전하고 아울러 도기의 제작이 시작되었다. 이 때가 지금으로부터 대략 8000년 전이다.

지금까지 발견된 동북지역 신석기시대 문화유적 중에서 연대가 가장 빠른 것은 요령 사해문화(査海文化) 유적이다. 부신시 몽고족 자치현 사랍향(沙拉鄕) 사해촌(査海村)에서 서남쪽으로 5리쯤에 있는 이 유적은 지금으로부터 8000년 전의 문화유적이다.

이 곳은 원시인류가 살던 취락지역인데 현존 면적이 1만여 평방미터에 달한다. 이미 출토된 방의 유적이 54개, 무덤이 11개,

요령 사해 유적 1만 여 평방미터에 달하는 8000년 전의 이 유적은 동북아에서 최초로 출현한 농업지구 유적이다

1,200여 건의 유물이 있다. 가옥은 모두 반지하식 건축인데 아직은 매우 원시적인 상태에 머물러 있었다. 대형 석기 가운데 대패 모양의 그릇·돌도끼·돌막대기·물레바퀴·갈판 등 대체로 농업생산과 일상생활에 사용된 도구들이 출토되었다.

또 형태가 일정하지 않고 규격이 각기 다른 대량의 도기는 바로 원시 농업단계의 전형적인 제품이다. 이것은 사해인들이 이미 농업을 위주로 하는 정착생활을 영위했다는 것을 의미한다.

사해유적에서 출토된 유물은 아주 다양하다. 그 중에 사해문화의 특색을 가장 잘 나타내는 것은 옥기(玉器)이다. 유적과 묘지 가운데서 옥기는 모두 60여 점이 출토되었다. 옥도끼·옥자귀·옥끌 등은 생산과 생활에도 사용되었지만 묘지의 부장품으로 이용되기도 하였다. 옥기들은 죽은 사람의 발밑에 놓기도 하고 목 부위나 배 부위에 놓아두기도 하였다. 사해인들은 옥을 귀중한 것으로 여겨 생활 전반에서 광범위하게 활용했는데, 이는 사해인 이전에는 전례가 없던 것이다.

사해의 옥기가 중국에서 발견된 최초의 옥기이며 그것을 부장품으로 사용한 경우도 사해문화가 남긴 최초의 사례라는 것이 고고학적으로도 증명되었다.

같은 시기 중원이나 화북 지역의 유적들 가운데서 옥기가 발견되거나 옥기를 부장품으로 사용한 선례가 없으므로 사해인이 옥기의 최초 발명자인 것이다.

사해의 도기는 제작방식과 양식이 상당히 발달했는데, 도기 표면에 새긴 반원형의 '지(之)' 자 문양 등이 매우 풍부하면서도 변화가 많다는 점이 독특하다. 몇 개의 도편 위에 비늘 모양의 무늬와 구부러진 용의 꼬리, 휘감아 도는 용의 몸뚱이를 구분하여 새겨 넣은 점도 주목할 만하다. 어떤 도편 위에는 뱀이 개구리를 입에 물고 있는 도안을 양각하였는데 조형에서 생동감이 넘쳐나 실제와 흡사하다. 신석기시대의 사해인이 도달한 이같은 경지는 같은 시대 원시인류 예술의 최고 수준이라고 할 수 있다.

사해 유적에서 용은 도편에서 발견되었을 뿐만 아니라, 돌무더기로 조성한 거대한 용이 땅 위에서도 출토되었다. 크기가 일정한 돌로 무더기를 쌓아 만든 이 석룡(石龍)의 몸통 길이는 19.7미터나 된다.

지금까지 알려진 최초의 석룡은 중원의 하남성 복양(濮陽) 서수파(西水波)에서 발견된 것으로 이는 방각(蚌殼)을 사용하여 조성했다. 그러나 이 용은 몸통의 길이가 겨우 1.78미터에 불과하고 조성시기도 지금으로부터 6000년 전이어서 사해 석룡보다는 2000년이나 늦다. 이 하남 서수파의 석룡이 일찍이 '화하(華夏) 제 1의 용'이라는 명예를 안았으나 이제 이 결론은 수정돼야 할 처지다.

호북(湖北) 황매(黃梅) 백호향(白湖鄕) 진촌(陳村)에서도 석룡이 한 마리 출토되었다. 전신의 길이가 4.46미터로 지금부터 대략 7000년 전에 하란석(河卵石)으로 조성된 것이다. 이 용은 '장강 유역 제 1의 용'으로 평가되는데 역시 사해 석룡보다는 연대가 늦다. 사해의 용은 현재까지 중국에서 발견된 용 가운데 시기가

사해의 유적지에서 발견된 돌무더기를 쌓아 만든 석룡

가장 빠르고 가장 큰 석룡이다. 동북지역의 제 1의 용일 뿐만 아니라 명실상부한 '동아시아 제 1의 용'인 것이다.

이와 같이 옥과 용의 결합이 사해 신석기문화의 기본 내용이다. 중국의 고고학계에서는 사해

하남 복양 서수파 유적지에서 출토된 석룡 좌우 양측에 석룡과 석호가 부장되어 있다.

문화에 대해 '옥룡의 고향'이라고 말한다. 요서 사해문화야말로 동아시아 문명의 근원이라고 해도 지나치지 않다.

예로부터 중국의 한족들은 용을 신성물로 숭배해왔다. 용은

이미 중국의 상징인 것이다. 그러나 용의 발상지는 중원이 아니라 동북 요서지역이다. 지금까지의 고고학적 발굴 성과로 볼 때 용은 요령 서쪽, 평원과 초원의 교착지대인 사해에서 최초로 탄생되었다. 사해가 바로 용의 진정한 고향인 것이다.

하남과 하북에서 출토된 용은 용의 출현과 용에 대한 숭배의 역사를 6000년 전으로 끌어올렸다. 그러나 사해의 용은 다시 그 연대를 8000년 전까지 끌어올려 앞의 두 마리 용보다 그 시기가 2000년이나 앞당겨졌다. 따라서 요서 사해는 동북문화의 근원이기도 하지만 중국 한족 용문화의 고향이기도 한 것이다.

또한 옥은 동양에서 수천 년 동안 금·은과 함께 보물로 여겨지며 진귀한 대접을 받아왔다. 몸에 차거나 지님으로써 신분의 고귀함이나 부유함을 나타내는 상징으로 되었고, 티없이 맑고 깨끗한 인간의 품격과 절조를 비유하는 징표가 되기도 했다. 옥은 하나의 문화로 자리하여 중국민족의 전통문화 가운데 중요한 지위를 점하고 있는 것이다.

그런데 고고학적 발굴은 요서 사해가 '용의 고향'일 뿐 아니라 '옥의 고향'이기도 하다는 사실을 알려 주었다. 용 문화와 옥 문화가 결합된 사해문화가 미래의 찬란한 홍산문화를 여는 원류가 되었다. 따라서 동아시아 민족문화의 형성·발전에서 사해문화의 의미는 아무리 높게 평가해도 결코 지나치지 않다.

사해문화의 중대한 가치는 실증을 통해서 황하 유역이 유일한 '중화문명의 발원지'라는 고정관념을 깨준 데 있다. 다시 말해 사람들에게 동아시아문화의 기원지는 중원이 아닌 동북 땅 요서

의 사해라는 사실을 깨닫도록 했다는 데 사해문화의 진정한 가
치가 있다.

3. 중원의 황하문명을 앞지른 요서의 홍산문화

지금으로부터 6000~4000년 전 동아시아 대륙에서는 밤하늘의 반짝이는 별처럼 문명의 불꽃이 여기저기서 타올랐다. 농산·섬서를 중심으로 한 서방의 앙소문화, 강소·절강을 중심으로 한 남방의 양저문화(良渚文化), 요서를 중심으로 한 북방의 홍산문화, 산동을 중심으로 한 동방의 대문구문화(大汶口文化) 등이 그것이다. 그런데 이때 문명의 불꽃이 가장 먼저 피어오르고 또 가장 찬란하게 타오른 곳은 어느 지역일까?

요서의 홍산문화는 지금으로부터 5000년 전에 중원지역보다 한걸음 앞서 고국(古國) 단계에 진입하였다. 제단·여신묘·적석총과 옥으로 만든 다양한 예기(禮器) 등이 그것을 증명한다.

같은 시대 중원지역에서는 홍산문화의 제단·여신묘·적석총이나 여러 가지 유형의 옥례기(玉禮器)와 서로 필적할 수 있는 문명유적이 아직까지 발견되지 않고 있다. 동산취·우하량의 제단·여신묘·적석총은 당시 사회가 국가 출현의 전야 상태에 와 있었음을 의미한다.

제단·여신묘·적석총은 주로 산을 끼고 있다. 이는 죽은 자를 받들기 위해 마련된 종교 신앙과 관련된 유물들이다. 여기서 주목할 것은 당시 사후세계에 대한 신앙과 사자(死者)에 대한 숭배가 이런 정도의 문명 수준에 도달했다면 산 사람들의 거주지와 통치자가 살았던 왕궁이나 궁성이 이와 상응하는 수준으로 산 아래 어느 지역엔가 있었을 것이라는 점이다. 다만 제단이나 여신묘 · 적석총은 산 위에 있어서 오늘까지 원형이 보존됐고, 왕릉이나 왕성은 이민족의 침략과 전쟁으로 역사의 뒤안길로 사라졌을 뿐이다.

국가의 출현은 인류가 문명사회로 진입했다는 주요한 징표이다. 5000~6000년 전 중국 땅에서 우하량의 홍산문화가 유일하게 이러한 발전 단계에 도달했다. 중국 학술계에서 홍산문화를 '문명의 서광'이라고 이르는 것은 이런 까닭이다.

중국 당대 최고의 고고학자인 소병기 선생은 앙소문화와 홍산문화는 각기 다른 모체에서 내원한 문화의 두 갈래로서, 서요하와 대릉하 유역은 홍산문화의 발원지라는 점을 명확히 하고 우하량 홍산문화를 '중화문명의 서광'으로 확정하였다.

우하량의 제단 · 여신묘 · 적석총의 발견은 중화문명의 기원에 대해 완전히 새로운 인식을 갖도록 했다. 5000년 전 이곳에 국가의 기본형태를 갖춘 원시 문명사회가 존재했다는 과학적 결론을 도출하도록 한 것이다. 이 발견은 중화문명사를 무려 1000여 년 앞당겼다. 하(夏)나라 이전의 역사가 단지 전설로 끝나는 것이 아니라 유물로서 실증이 된 것이다.

중국 역사에서 문헌상으로는 삼황오제(三皇五帝)가 나오지만 고고학적 물증이 없었다. 그런데 하나라 이전 문명의 흔적이 요서 우하량에서 발견되었다는 것은 삼황오제의 역사가 중원이 아닌 동북에서 전개되었다는 사실을 말해 준다.

그동안 사람들은 중국 문명의 발원지가 황하 유역이라고 생각해 왔다. 그러나 중국 문명은 일원적이 아닌 다원적문명이다. 가령 황하 유역·장강 유역·요하 유역 등이 모두 중국문명의 발원지이다.

그런데 신석기시대에 이르러 요하 유역의 홍산문화가 황하 유역이나 장강 유역의 문명에 비해 확실히 역사의 맨 앞줄에 서 있었다. 요서의 홍산문화가 그 시대의 최고봉에 도달하여 문명의 서광을 발했던 것이다. 우하량을 대표로 하는 홍산문화와 그 탄생의 젖줄인 요하 대릉하 유역은 동북지역 문화의 발상지인 동시에 전 중국문화의 발원지이기도 한 것이다.

동아시아 역사는 수만 년 내지 수십만 년을 거치면서 발전해왔는데 서요하와 대릉하 유역에서 그 정수가 축적되었다. 최종적으로 능원현(凌源縣) 우하량(牛河梁)지역에서 결집되어 발산한 홍산문화의 서광이 중국문명사, 나아가 동아시아 문명사의 서막을 연 것이다.

6
홍산문화와 우리 민족

■

■

■

1. 홍산문화의 3대 요소

　홍산문화란 지금부터 대략 5000~6000년 전에 중국 동북지역을 중심으로 꽃을 피운 신석기시대의 원시문화를 가리킨다. 1935년 옛 요서(遼西)지역, 현재의 행정구역으로는 내몽고 적봉시(赤峰市) 교외의 홍산에서 이러한 원시문화 유적지가 최초로 발견되었다. 이 원시문화 유적이 홍산에서 맨 처음 발견되었으므로 그 명칭을 따서 홍산문화라고 부르게 되었다.

홍산 적봉시 북쪽 근교 영금하의 동편 언덕 위에 있다. 산 전체가 붉은 화강암으로 조성되어 있어 홍산이라고 한다.

홍산문화는 그 대표적인 유적이 세 가지로 요약된다. 여러 사람이 모여서 함께 제사를 올리는 대형 제단(祭壇), 여신을 모시는 사당인 여신묘(女神廟), 돌을 쌓아 만든 무덤인 적석총(積石塚)이 그것이다.

홍산문화 주요 유적 분포도

제단(祭壇)

1979년 5월, 요령 고고 공작대는 요령 서부의 객좌현(喀左縣) 동산취촌(東山嘴村)에서 원시사회 말기에 돌로 쌓은 대형 제단(祭壇) 유적을 발견했다. 동산취촌 유적은 산기슭 정중앙의 완만하고 평평한

동산취 유적지 안내 표지판 2004년 요령성 조양시에서 세웠다.

지역에 위치해 있는데, 길이는 약 60미터, 넓이는 약 40미터이다. 유적지 아래쪽에는 대릉하(大凌河)가 굽이쳐 흐르고 사방은 시야가 탁 트인 평지이다. 멀리 바라보면 뭇 산들이 제단을 감싸고 있어 기세가 웅장하다.

사방이 툭 터진 산등성이 위에 마련된 이 제단은 사면팔방에 거주하는 원시부락 조직이 정기적으로 여기에 와서 중대한 제사 활동을 연합적으로 거행하던 장소임을 상상할 수 있다.

고대 사회에서 최고 통치자의 제사 방식은 '교(郊)'·'요(燎)'·'체(禘)'였다. '교제'는 천자가 도성 밖 50리 교외에서 지내던 제사의 명칭이다. 겨울에는 하늘에, 여름에는 땅에 한 해 두 번 교제를 지냈다. '요제'는 장작불을 피워 하늘에 지내던 제사이고, '체제'는 제왕이 자신의 시조에게 지내던 제사이다. 동산취(東山嘴)의 제단에서도 최고 통치자가 아마 이런 유형의 제사 방식을 취했을 것이다. 이는 여기서 활동한 원시 선민들이 이미

자연숭배나 토템숭배의 저급한 단계를 벗어나 한 차원 높은 문명사회로 진입했다는 것을 의미한다.

돌로 쌓은 이 건축 유적은 돌의 가공기술과 축조기술이 상당히 발달된 수준이다. 바깥쪽에는 돌을 하나하나 교착시켜 쌓았고, 기다란 기단석은 돌을 떼 내어서 각 모서리가 돌출돼 있고 표면은 넓다. 유적지 내부에는 하늘과 땅을 상징하는 원형 제단과 방형 제단이 있다.

이러한 형태의 건축 특색을 반영하는 유적이 발견된 것은 동아시아 신석기시대 고고학사상 처음이다.

여신묘(女神廟)

1983년부터 3년 간 고고 발굴 팀은 여러 차례의 시험 발굴을 거쳐 제단에서 50킬로미터 가량 떨어진 능원(凌源)·건평(建平) 두 현이 서로 마주치는 우하량촌(牛河梁村)에서 여신묘 한 곳과 수십 개의 대형 적석총, 면적이 약 4만 평방미터에 달하여 성보(城堡) 혹은 방형 광장과 유사한 돌로 쌓은 담장 유적 한 곳을 발견했다. 방사성 탄소 연대측정 결과, 이곳은 지금으로부터 5500년 전의 유적이라는 사실이 확인되었으며 상고시대 종교 성지요, 예술의 보고(寶庫)로 평가되고 있다.

여신묘에서는 실제 사람 머리크기와 동일한 진흙으로 빚은 완전한 여신의 두상이 출토되었다. 이 여신의 얼굴은 광대뼈가 튀

조양시 우하량 유적지 입구 간판

우하량 홍산문화 유적을 안내하는 표지석

우하량 여신묘 유적에서 발견된 여신두상

어나오고 이마는 둥글며, 코는 납작하고 턱은 뾰족하여 전형적인 몽골리안 인종이다. 여신의 두상과 함께 진흙으로 빚은, 여섯 개의 크기가 일정하지 않은 여성 나체상 파편들도 발굴되었다.

　여신묘는 주실과 측실로 되어 있는데 소상(塑像)의 파편들을 통해서 보면 주신과, 주신을 받드는 여러 신들이 있었음을 알 수 있다. 진시황의 병마용을 중국 봉건시대 예술의 최고봉이라고 한다면 우하량의 여신묘에 모셔진 여러 여신상은 중국문명 여명기 예술의 최고봉이라고 말할 수 있다.

인류사회는 모권사회를 거쳐 부권사회로 진입했으며 부권사회로 진행된 이후에도 보권의 잔영이 한참 동안 남아 있었다. 우하량 여신묘는 인류사회가 모계사회로부터 출발했다는 것을 실증적으로 보여준다. 뿐만 아니라 지금까지 발견된 고대 유적 중 5000~6000년 전 동아시아 인류가 토템숭배에서 벗어나 조상숭배의 단계로 진입한 당시의 사회상을 반영하는 유일한 유물이기도 하다.

적석총(積石塚)

요서 우하량의 여신묘에서 그리 멀지 않은 곳에 적석총이 있다. 적석총이란 흙으로 봉분을 만드는 흙무덤과 달리 돌을 쌓아 봉분을 만드는 분묘의 한 형식으로서 괴석분(塊石墳)과 절석분(切石墳)의 두 종류가 있다. 괴석분은 사람의 머리만한 돌로 무질서하게 쌓아서 봉분을 형성하는 것인데 반해, 절석분은 그보다 큰 돌을 네모로 깎아서 정연하게 쌓아올리는 방식이다. 충북 조치원과 강원도 춘천 등에 괴석분이 있으며 만주 집안현의 장군총((將軍塚)은 대표적인 절석분이다.

우하량 적석총을 안내하는 표지석

우하량의 적석총은 부서진 돌을 사용해 쌓은 수십 개의 돌무덤들인데, 묘장 중심에 있는 방형의 큰 돌무덤은 애석하게도 이미 도굴을 당한 상태이다. 주위에는 많은 작은 무덤들이 있는데 지금까지도 유골이 그대로 보존되어 있는 것도 있다.

우하량의 방형 적석총 유적

우하량의 원형 적석총 유적

1989년 여신묘 주위에서 적석총 20여기를 발굴했는데 그 전에 이미 발굴한 객좌현(喀左縣)의 와방(瓦房), 부신시(阜新市)의 호두구(胡頭溝), 능원현(凌源縣)의 삼관전자(三官甸子) 등의 묘소들도 모두가 이러한 적석총 형태였다. 따라서 적석총이 홍산문화 묘장(墓葬)의 가장 기본적인 형태였음을 짐작할 수 있다. 이는 같은 시기 중국의 다른 지역에서 형성된 신석기문화가 토갱묘(土坑墓) 위주인 것과는 완전히 다른 것이다.

홍산문화 유적에서 발굴된 무덤의 형태는 동일하지 않다. 이는 무덤들이 만들어진 연대가 서로 다르기 때문이다. 큰 무덤과 작은 무덤의 또 하나의 차별성은 수장품에서 현저하게 드러난다. 우하량 적석총의 어떤 무덤은 부장품이 전혀 없거나 소량의 부장품만 있는 반면 어떤 무덤에는 고급스러운 말발굽 모양(馬蹄形) 머리꾸미개, 구운형 옥패(勾雲形玉佩), 옥조 저룡(玉雕猪龍), 옥조 효조(玉雕□鳥) 등이 부장되어 있기도 하다. 지하에 묻혀 유구한 5000년 세월을 지나온 옥 조각품들은 겉에 묻은 먼지를 털어 내고 나면 그 영롱한 빛이 문명의 여명을 열어 가던 당시의 모습을 짐작케 한다.

우하량 묘의 부장품들은 모두가 옥기(玉器)에 속하고 옥 이외의 기타 부장품은 발견할 수가 없다. 이것이 우하량 문화유적이 지닌 또 하나의 특색이다. 일반 작은 무덤들 가운데는 소량의 옥기를 수장한 경우가 대부분이고 아예 아무 것도 없는 경우도 있다.

중심에 있는 큰 무덤들은 모두 남자의 무덤이다. 무덤이 크고 좋은 위치를 점유하고 많은 부장품을 보유한 것은 남성만이 누린 특권이었다. 사후 묘장의 차이는 생전 존비의 차별을 나타낸다. 따라서 남자의 무덤이 크고 좋은 위치를 차지하고 부장품도 많다는 것은 당시에 남성의 지위가 이미 상승하여 사회를 주도했음을 의미한다.

비교적 분명한 등급 관념이 초보적으로나마 성립되었으며 원시적인 예의 제도가 사회관계를 유지시키는 끈으로 이미 작용하였음을 간파하기에 어렵지 않다. 이것은 중국문명이 중원이 아닌 바로 이곳에서 발생했다는 것을 나타내는 중요한 징표이다.

그리고 동산취촌·우하량 두 곳 유적지에서 출토된 채도(彩陶) 또한 종류가 매우 많다. 제사용으로 사용하던 삼족기(三足器), 양쪽 귀 둘에 입은 작고 밑은 뾰족한 병, 조형이 특이한 홍산문화 특유의 '지(之)'자 문양을 띠고 있는 누공훈로개(鏤空薰爐盖), 가히 '채도왕(彩陶王)'이라 할 수 있을 만큼 태(胎)의 두께가 무려 1.3밀리에 달하는 채도대기(彩陶大器)의 깨진 조각 등이 그것들이다. 그 중 가장 많은 것은 밑이 없는 채도통형기(彩陶筒形器)이다.

세석(細石)기 공구와 농경용으로 사용하던 돌보습(石犁) · 돌호미(石鋤) 등도 대량으로 출토되었다. 이러한 유물들은 여신 소상(塑像) · 목기 등과 함께 5000년 전의 원시문명을 공동으로 연출하고 있다.

동산취 · 우하량의 홍산문화 유적은 상고시대의 '신비왕국' 유적이라 할 만하다. 제단 · 여신묘 · 적석총의 배치 범위는 대략 50평방킬로미터에 달한다. 이처럼 단 · 묘 · 총이 삼위일체를 이룬 '삼합일(三合一)'의 배치는 어느 면에서 북경의 천단(天壇) · 태묘(太廟) · 명13릉(明十三陵)과 유사한 점이 있다.

중국의 역대 제왕들은 대체로 자신의 능을 산 정상이나 높다란 지대 위에 안치하여 이것으로써 그들의 지고무상(至高無上)을 상징했고, 왕릉의 배치는 언제나 조상에게 제사지내는 '사당', 하늘에 제사지내는 '제단'과 조화를 이루도록 하였다.

우리는 홍산문화 유적을 정식으로 국가 단계에 진입한 증거로 보기는 어렵다. 그러나 동산취촌 · 우하량의 제단 · 여신묘 · 적석총이 북경의 천단 · 태묘 · 명13릉과 유사한 구조로 배치되어 있는 것을 볼 때 국가의 기본 형태는 이때 이미 확립되었다고 할 수 있다.

북경 천단의 기년전 (祈年殿)

　중국 역사가 정식으로 국가 시기에 진입한 것은 하(夏)나라 때로, 우(禹)왕이 하나라를 세운 것을 최초의 건국 시기로 잡고 있다. 홍산문화 유적의 제단·여신묘·적석총은 하나라의 건국보다 약 1000년 앞선 시기에 건립된 것이다. 따라서 홍산문화를 동아시아 문명의 기원, 동양 문화의 요람이라 이르는 것은 전혀 과장이 아니다.

하의 우왕릉

2. 홍산문화의 발생 배경은 무엇인가

홍산문화가 화려하게 꽃을 피운 곳은 북방초원의 유목지대도 아니고 농업이 절대 우위를 점한 관중(關中) 분지와도 멀리 떨어져 있는 동북방의 연산(燕山) 이북지역, 즉 요서 대릉하 유역이다.

『서경(書經)』「우공(禹貢)편」에 따르면 당시 중국은 구주(九州)로 분할되어 있었고 그 첫 번째가 기주(冀州)이다. 『서경』에서 말하는 기주는 오늘의 요서지역을 포괄하는데, 이 기록에 의하면 기주의 토질은 중간 정도이며 비옥한 상등급의 땅은 아니라는 것을 알 수 있다.[1]

홍산문화는 두 종류의 서로 다른 경제 유형과 문화 전통이 결합해서 이룩된 문화의 복합체이다. 다시 말해 상이한 농경문화와 유목문화가 결합해서 탄생시킨 문화의 불꽃이다. 그런데 동아시아를 비추는 문화의 불꽃, 문명의 서광이 중원(中原)이 아닌 요서에서 나올 수 있었던 배경과 원인은 과연 무엇일까?

요서는 지정학적으로 볼 때 중원의 동남쪽 끝이고 동북의 서쪽 끝 부분이다. 중원과 동북방이 만나는 교착지대에 위치해 있다. 요서에서 서쪽으로 진입하면 중원이 되고 요서에서 동남쪽으로 진출하면 중국의 동북쪽이 된다. 그러므로 중원과 동북방의 접경지대가 요서이다.

관중의 분지는 농사에는 적합하지만 유목에는 합당하지 않고

농경유목 과도지구

소흥안령

대흥안령

유목지구

황하

회하

장강

농경지구

유목 농경 과도지구 분포도

북방의 초원은 그 반대로 유목에는 적합하지만 농사에는 결함이 있다. 요서 대릉하와 라오하허(老哈河) 상류지역은 농사와 유목에 모두 적합한 농업과 유목의 교착지대이다. 요서지역이 동아시아 문명의 발원지가 될 수 있었던 원인과 배경이 여기에 있다.

요서는 중원과 북방의 교차지대로서 중원의 농경문화와 북방의 유목문화가 만나는 접점이며 따라서 이런 농경문화와 유목문화를 아우를 수 있는 지리적 특성과 자연적 조건이 요서에서 홍산문화가 발생하여 꽃을 피우게 된 직접적인 배경이 되었다고 하겠다.

3. 앙소문화와 홍산문화의 차이점은 어디에 있는가

동아시아에는 역사적으로 두 개의 문명이 공존했다. 하나는 황하 중류 위수(渭水) 유역을 중심으로 출발한 화하(華夏)문명이고, 다른 하나는 발해만의 요하 유역을 중심으로 발전한 동이(東夷)문명이다. 이 두 문명이 서로 성장과 쇠퇴를 거듭하면서 동아시아의 역사를 이끌어 왔는데 위수 유역의 화하문명은 앙소문화로 상징되고 요하 유역의 동이문명은 홍산문화로 대표된다.

앙소문화의 분포 중심은 화산(華山) 부근에 있다. 앙소문화는 바로 화하족의 발생 · 형성 · 활동 · 분포 정형과 비슷하다. 그러므로 앙소문화는 화하족의 핵심을 형성한 세력들이 남긴 유산이라 할 수 있다.

흔히 우하량의 홍산문화를 '중화문명의 서광' 이라고 높이 평가한다. 그렇다면 다음과 같은 의문이 제기된다. 우하량의 원시문명은 어디로부터 왔는가? 다시 말해 중원의 앙소문화로부터 전입된 것이냐, 아니면 앙소문화와는 별개로 동북방에서 자생한 토종의 문화이냐 하는 것이다.

우하량 홍산문화의 가치와 지위에 대해서는 중국의 고고학계나 역사학계가 인식을 같이하고 있다. 그러나 그 문화의 기원을 탐색하는데 있어서는 논란이 분분하다.

화하문화가 중국문화의 주류라고 생각하는 일부 학자들은 우하량의 홍산문화가 요서에서 자생했다는 설을 인정하지 않고

'앙소문화의 범주에 속하는 농업문화'라고 인식한다. 또 "홍산
문화는 동북지구에 분포한 앙소문화의 한 갈래"라고 말하기도
한다. 설령 우하량의 문화가 동북에서 생장한 자생문화임을 인
정하더라도 뒤에 중원의 앙소문화의 영향을 받아서 변화되었다
는 점을 강조하기도 한다.

이러한 논리에 따르면 중국문화는 전적으로 중원의 앙소문화
나 황하 유역에서 발원한 것이고 기타 지역은 설령 문화가 있다
하더라도 중원으로부터 이입되었거나 아니면 그 영향을 받은 것
이라는 말이 된다.

하지만 앙소문화는 정미한 채도기를 특징으로 삼는데 반해 홍
산문화는 앙소문화와는 다른 자신의 뿌리가 있었다. 홍산문화는
보다 앞선 시기의 '전홍산문화(前紅山文化)'인 사해(査海)문화의 내
용을 계승 발전했다. 사해의 용(龍)과 옥기, '지(之)'자 문양의 도
기(陶器)를 출발점으로 하여 채도통형기, 문식(紋飾)으로 발전하여
별도로 하나의 격식을 갖추었다.

동산취촌 홍산문화 유적에서는 또 흙으로 빚은 여러 사람 형
상이 나왔고, 특히 임신부상까지 발굴됐는데 그 의미는 매우 크
다. 우하량에서 나온 채소(彩塑) 부녀상(婦女像)들은 높이가 5미터
나 되는 것도 있다. 또 배의 지름이 1미터인 채도루공도기(彩陶
鏤孔陶器)·태(胎)의 두께가 1.6밀리에 달하는 '채도왕(彩陶王)' 등
은 모두 앙소문화에서는 찾아볼 수 없는 진귀한 유물들이다. 옥
으로 조각한 옥저룡(玉猪龍)과 구운형옥(勾雲形玉) 등은 옥기 제작
수준을 전례없이 높게 발전시킨 것으로 평가된다.

우하량의 홍산문화는 '전기 홍산문화' 의 전통을 계승하면서 또한 홍산문화 계통을 전면적으로 발전시켰다. 따라서 앙소문화와는 계승관계가 없고 아무런 영향도 받지 않았음이 명백하다. 내용적으로 볼 때 앙소문화와 홍산문화는 유사한 점이 별로 없다. 뿐만 아니라 우하량의 문화는 이미 국가의 기본 형태를 갖춘 단계에 진입한 것이 확실하다. 이런 점은 더구나 앙소문화와는 비교될 수 없는 부분이다.

앙소문화보다 2000년 가량 앞선 사해문화도 돌무더기를 쌓아 만든 큰 용의 형상이나 대량 제작된 옥제품 등으로 볼 때, 이보다 연대가 늦은 앙소문화가 따라올 수 없는 면모를 보여 주고 있다. 여기서 우리는 우하량의 홍산문화는 그들 자신이 창조한 독창적인 문화라는 것을 알 수 있다. 다시 말해 요서라는 비옥한 토지 위에서 자생적으로 성장한 선진문화인 것이다.

학자들 중에는 앙소문화가 홍산문화의 수준에 못 미치고, 앙소문화에 없는 것이 홍산문화에 있어 홍산문화가 선진적이고 독창적이라는 사실을 뻔히 알면서도 홍산문화가 앙소문화의 영향을 받았다거나 앙소문화의 인소(因素)를 가지고 있다고 고집하는 사람이 있다.

그러나 신석기시대에 있어서 영향이라는 두 글자를 함부로 사용해서는 안 된다. 도로는 열리지 않았고 현대적인 전파매체가 있었던 것도 아니며, 정보가 완전히 차단된 상태였던 원시시대에 어떤 수단에 의해서 그 영향을 전파한단 말인가? 아무런 근거도 없이 아무 관련도 없는 일에 영향을 미쳤다는 말을 남발하는 것은 양심에 반하는 일이다. 그런데도 이러한 주장을 하는 것은 '중원문화 중심설'이라는 전통적 관념을 고수하려는 데서 비롯된다. 이런 관념을 깨뜨리지 않고서는 역사 해석을 정확히 할 수 없다.

앙소문화와 홍산문화의 관계를 밝히는 일은 그리 어려운 일이 아니다. 연대상의 배열을 보면 그 상관관계가 일목요연하기 때문이다. 앙소문화는 지금으로부터 6000~3000년 전으로, 신석기시대 중기에 해당한다. (『간명중국백과사전』에 의거한 것임) 그러나 홍산문화 계통의 대표적인 유적을 연대 순서에 따라 나열해보면 이보다 훨씬 앞선다.

부신(阜新) 사해(查海) 유적 8000년 전

오한(敖漢) 흥륭와(興隆洼) 유적 7000년 전

적봉(赤峰) 홍산 유적 6000년 전

객좌(喀左) 동산취(東山嘴) 석조건축 유적 5000년 전

능원(凌源) 우하량 여신묘와 적석총 유적 5000년 전

이처럼 홍산문화로 대표되는 주요 유적들을 살펴볼 때 사해문화·흥륭와문화는 앙소문화보다 시기가 빠르고, 적봉과 홍산은 앙소와 같으며, 동산취와 우하량은 앙소보다 약간 늦다. 시기적으로 앙소문화는 사해문화보다 2000년 가량 늦고 또 흥륭와문화보다도 1000년 안팎이나 늦다. 그런데 어떻게 아직 발생되지도 않은 앙소문화가 사해·흥륭와문화에 유입되고 영향을 줄 수 있겠는가?

그리고 앙소문화보다 약간 늦은 우하량 홍산문화는 발굴된 유

물로 볼 때 앙소문화와 대부분 같지 않아서 앙소문화와는 아무런 관련도 없으며 각자 문화의 특징을 지니고 있는 점에 유의해야 할 것이다.

4. 홍산문화와 우리 민족은 어떤 관계가 있는가

중원의 앙소문화보다도 선진적인 것으로 평가되는 홍산문화 유적이 문화의 요람이라 불리는 황하 유역의 중원지역에서 멀리 떨어진 동북의 요서지방 우하량·동산취촌에서 발견된 것은 중국 고대문명의 기원을 새롭게 탐색하는데 매우 중요한 단서를 제공한다. 우하량·동산취 홍산문화 유적과 유물을 중원의 고대 문화와 비교할 때 적어도 다음 네 가지 측면에서 주목할만하다.

첫째, 중원으로부터 비교적 멀리 떨어진 동북지역에서 발견된 신석기문화이다.

둘째, 탄소연대 측정법에 따른 여신묘 묘지(廟址)의 조성 연대는 지금부터 5575±80년으로 중원지역의 앙소문화와 비슷한 시기이다.

셋째, 중원지역의 같은 시대와 비교할 때 적지 않은 특색과 차별이 있다. 여러 석조 건축들, 신비한 색채를 띤 여신묘, 실제 사람 크기의 3배에 이르는 큰 코와 큰 귀의 소상(塑像), 진귀한 여신의 두상(頭像) 등은 모두 처음 발견된 것으로서 중원지역에서는 찾아보기 어려운 것이다.

넷째, 출토된 석제(石製) 생산도구, 여신묘·제단과 적석총의 유적이 분포된 광범위한 구역, 정미한 공예로 본다면 우하량·동산취 홍산문화의 원시주민은 당시에 이미 미개한 단계를 지나 부족연맹 내지는 추장국가(酋邦國) 단계에 도달했다고 할 수 있다.

중원의 고대문화와 차별화된 우하량·동산취 유적의 선진적·독창적인 문화양상을 근거로 어떤 이는 "중화 5000년 문명의 서광을 보았다."고 하고, 심지어는 "중화문명 기원문제에 대한 새로운 단서를 찾았다."고 말하기도 한다. 우리는 여기서 다음과 같은 질문에 직면하게 된다. 저 요원한 신석기시대에 문화의 요람이라 일컬어지는 중원으로부터 멀리 떨어진 동북지역에서 중원지역과는 완전히 차별화된 찬란한 홍산문화를 창조한 주역이 과연 누구인가 하는 것이다.

　　우리가 상고사에서 직면하는 의문을 풀기 위해서는 고문헌 기록에서 고대 선민의 종적을 더듬어 봐야 하는데, 이런 면에서 『상서(尙書)』는 결코 가볍게 지나칠 책이 아니다. 이 문헌은 연대가 오래되었을 뿐만 아니라 내용면에서도 신화적인 색채가 매우 적다. 즉, 내용의 대부분이 역사기록 혹은 고대인의 입과 귀를 통해 전해진 자료를 근거로 하였기 때문에 상고사 연구에 있어 불가결의 지위를 차지하고 있다.

　　『상서』에서 요서 홍산문화와 관련된 기록을 찾을 수 있는데, 「우공편(禹貢篇)」의 기주(冀州) 조에 보이는 '조이피복(鳥夷皮服)'이라는 구절이다. 하(夏)나라 우왕시대의 기주는 오늘의 요서지역을 포괄한다. 「우공편」 기주 조에 '조이피복'이라는 표현이 등장하는 것은 오늘날의 하북성을 비롯한 요서 일대에 조이(鳥夷)가 살고 있었다는 사실을 말해 준다.

　　다만 '조이피복'에 대한 해석을 놓고 이론이 분분한데 이는 크게 다음 두 가지로 귀결된다. 하나는 "조이 사람들은 모두 가

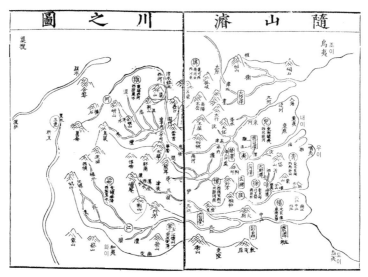

『서경』에 **부록으로 실린 수산준천지도** 기주 옆에 갈석산이 있고 갈석산 부근에 조이(鳥夷)가 있다.

죽옷을 입는다."는 뜻으로 조이의 풍속이 다른 곳과 같지 않음
을 말한다는 주장이고,[2] 또 하나는 "조이족의 공물은 피복이
라"는 주장이다.[3]

『서경』「우공편」에는 기주 조에 언급된 '조이피복'을 비롯해
서 청주(靑州) 조에서 말한 우이(嵎夷)와 내이(萊夷), 서주(徐州) 조
의 회이(淮夷), 양주(揚州) 조의 화이(和夷) 및 옹주(雍州) 조의 삼묘
(三苗)와 서융(西戎) 등이 나온다. 여기서 조이 · 우이 · 내이 · 회
이 · 화이 · 삼묘 · 서융은 모두 하 왕조 중심지역에서 멀리 떨어
진, 그러나 중원과 종종 연계가 발생한 동이부락 혹은 동이부락
연맹을 가리키는 것이다.

이를 통해 하 왕조 당시에 우이 · 내이는 동방의 산동성, 회

이 · 화이는 남방의 회하(淮河) · 장강(長江) 유역, 삼묘 · 서융은 서방의 감숙성이 주된 활동 무대였고 조이는 동북지방의 하북성 · 요서 등지가 주요 활동 근거지였다는 사실을 알 수 있다. 따라서 우하량 · 동산취 문화유적은 조이의 한 갈래이거나 혹은 바로 조이가 만들어낸 걸작품이라고 할 수 있다.

「우공편」에 보이는 조이의 주요 활동 근거지가 동북지역이었다는 사실은 한 · 당 시대 여러 학자들의 주석을 통해서도 확인되고 있다. 『한서』의 '조이피복' 안사고(顏師古) 주를 보면, "조이는 동북의 이민족으로 새나 짐승을 사냥하여 그 고기를 먹고 그 가죽을 입는다. 일설에는 그들이 바닷가에 거주하고 의복이나 모습이 다 새(鳥)와 닮았다고 한다."고 하였다. 육덕명(陸德明)의 『경전석문(經典釋文)』에는 "마융(馬融)은 조이가 북이국(北夷國)이라 했다."라고 하였다.

정현(鄭玄)은 "조이는 동방의 백성이다."라고 했고, 왕숙(王肅)은 "조이는 동북 이국(夷國) 이름이다."라고 말했다. 정현과 왕숙의 주장은 모두 『상서』 「우공편」 정의(正義)에 인용되어 있다.

그렇다면 고대사에서 동북 요서지방을 중심으로 주로 활동한 것으로 기록된 조이는 과연 누구인가? 조이는 바로 우리 한민족의 조상이었거나 아니면 같은 계열에 속하는 민족이었다고 본다. 그렇게 보는 근거는 무엇인가? 고조선을 멸망시키고 세운 한사군의 낙랑군이 오늘의 요하와 난하 사이, 바로 홍산문화의 발상지인 요서 대릉하 유역에 있었다. (자세한 내용은 '2000년 만에 새롭게 밝혀지는 낙랑의 역사' 참조) 무엇보다도 이러한 사실이 그것을 증명하는 유력한 근거가 된다.

이해를 돕기 위해 좀더 구체적으로 설명하면 첫째, 지리적으로 볼 때 「우공편」 기주 조에서 말한 '조이'는 한·당시대 여러 학자들의 주석에서도 알 수 있는 것처럼 '북이' 또는 '동북이(東北夷)'로서 그 거주의 중심이 동북지역에 있었다. 그런데 우리 한민족은 예로부터 부여나 고구려를 '동북이(東北夷)'라 한데서 보듯이 동이족 중에서도 특히 동북이에 속하였고, 고조선 이후 부여·고구려에 이르기까지 줄곧 중국 대륙의 동북방에 살던 민족이다.

둘째, 시대적으로 볼 때 일반적으로 하 왕조 시작 연대는 기원전 2100~2300년으로 추산한다. 따라서 하 왕조의 출발은 지금으로부터 4000여 년 이전이 된다.

「우공편」에 기록된 '조이'는 기원전 2000여 년 훨씬 이전에 해당한다. 다시 말해서 조이는 일찍이 동북 요서를 중심으로 활동해온 선민(先民)으로서 그들의 출현은 하대(夏代)의 초기보다 더 빠르다. 하나라 이전인 요순시대에 오늘의 동북지역에서 발식신(發息愼)·조이(鳥夷)가 활동했다는 기록이 『사기』와 『대대례기(大戴禮記)』 등에 보이기 때문이다.[4]

『사기』의 '발식신'은 춘추시대 제나라의 사상가이자 정치가인 관중의 지혜를 담은 『관자(管子)』에 나오는 '발조선(發朝鮮)'과 같은 표현으로 바로 우리 '밝달민족'을 가리킨다. 그런데 요순시대의 기록에 조이(鳥夷)가 발식신과 함께 등장한다는 것은 조이가 바로 하 왕조 이전 동북지역에 살았던 우리 한민족의 조상이거나 우리 민족과 동족 관계에 있던 민족이었음을 뒷받침하는 증거인 것이다.

셋째, 문화적으로 볼 때 조이와 우리 민족은 토템이 같다. 조이는 그 실상을 탐구해 보면 동방의 동이지역에 거주하던 동이 부락 집단 가운데 그 주체적 시조, 혹은 부락이 새를 토템으로 삼았기 때문에 뒷사람들이 조이라 부르게 된 것이다. 이는 부락 집단을 구성하는 모든 부락이 다 새를 토템으로 했음을 의미하지는 않으며 그 주체가 되는 부락을 가리켜 말한다.

이를테면 요순의 부락 집단 중에 호랑이 · 곰 등을 토템으로 하는 씨족이나 부락이 포함된 것과 같이[5] 주체 부락의 토템 외에 많은 다른 씨족이나 부락 토템을 볼 수가 있다. 하나의 씨족이 발전하여 둘 혹은 더 많은 씨족이 될 때 본래의 씨족 토템은 부락의 주체 토템이 되고 새로 갈린 씨족은 새 토템을 가지게 된다.

예컨대 우하량에서 발견된 옥저룡(玉猪龍) · 도소조(陶塑鳥)라든가 또는 부신(阜新) 호두구(胡頭溝) 옥기묘(玉器墓)에서 출토된 옥효(玉鴞) · 옥조(玉鳥) 등은 토템의 잔영일 가능성이 매우 크다. 이는 바로 부신 · 우하량 · 동산취 부락 집단 중에 분명 용이나 새를 토템으로 하는 씨족 혹은 부락이 있었다는 설명이 된다.

따라서 조이와 우리 민족은 새를 토템으로 삼은 공통분모를 갖고 있다는 점에서 이 둘을 동일 민족으로 간주할 수 있는 또 하나의 근거가 된다. 고구려 고분 벽화의 삼족오나 비천상 등에서 보듯이 우리 민족의 고대사회에서 토템은 새였다. 오늘날 우

서울 송파 석촌동의 적석총 유적 홍산문화 유적과 동일하여 상호 문화적 연관성을 엿볼 수 있게 한다.

리가 봉황문양을 국가의 상징으로 사용하고 있는 것도 새 토템이 남긴 잔영이라 할 수 있다.

홍산문화를 우리 민족과 관련지어 볼 수 있는 대목은 이밖에도 많다. 예컨대 적석총은 당시 다른 민족에게서는 발견할 수 없고 우리 한민족이 주로 채용하던 묘장 제도이다.

중원의 한족들은 묘지제도에서 주로 토갱묘를 선호하였으며, 우하량에서 발견된 적석총은 우리 민족이 만주와 한반도 일대에서 채용했던 고대 분묘제도와 완전 일치한다.

그리고 홍산문화의 제단 유적도 중원의 다른 문화유적에서는 찾아보기 힘든 독창적인 것인데 그 역사적 의미를 조용히 짚어보면 우리 민족과 무관하지 않다는 사실을 발견하게 된다.

예컨대 우리의 국조 단군은 한자로 '단군(檀君)'이라 쓰기도 하지만 '단군(壇君)'으로 표기하기도 한다. '단군(壇君)'은 제단에서 유래된 명칭임이 분명하다. 그렇다면 그 제단의 유래를 과연 어디서 찾을 수 있을 것인가. 요서 유역 홍산문화 유적지에서 발견된 제단이 바로 단군(壇君)이란 명칭의 기원지일 가능성을 배제할 수 없다.

왜냐하면 요서 대릉하 유역은 바로 단군이 건국한 고조선의 발상지임과 동시에 (자세한 내용은 '고조선의 발상지는 대릉하 유역' 참조) 단군이 나라를 세우기 이전 고조선의 선민들이 건국의 터전을 닦은, 고조선 민족의 발원지이기도 하기 때문이다.

위에서 설명한 내용을 종합해 보면 우하량·동산취 홍산문화의 귀속문제는 그 실마리가 풀린다. 지리적으로 시대적으로 문화적으로 살펴볼 때 홍산문화를 일으킨 주역인 조이는 바로 우리 한민족의 먼 조상이라는 결론에 도달하게 된다.

지금까지 발견된 고고학적 재료들을 문헌과 대조해 보면 홍산문화를 일군 주역은 여러 방면에서 우리 한민족과 부합된다. 이러한 점에서 볼 때 홍산문화는 지금으로부터 5000~6000여 년 전 고조선의 선민 부락집단이 창조한 문화유적이 확실하다.

[주] 1) "厥賦上上錯 厥田中中"

   2) 屈萬里, 『尙書今注今譯』, 臺灣商務印書館. 1979. p32.

   3) 유기우, 『文史』, 「禹貢1 冀州地理叢考」, 제 25집.

   4) 『大戴禮記』 「五帝德」, "北山戎 發息愼 東長鳥夷", 『史記』 「五帝本記」,
      "北山戎 發息愼 東長鳥夷"

   5) 『서경』 「舜典」, "益拜稽首 讓于朱虎熊羆"

7

동북아의 패자 고대한국

1. 동북지역의 토착민 구이족

황제시대에는 동북지역에 어떤 민족이 살았는가

중국 황제시대에는 오늘의 북경을 비롯한 동북지역에 어떤 민족이 살았을까? 황제시대 동북지역에는 구려족(九黎族)이 살았다. 구려족이 이 지역의 토착민이었고 치우(蚩尤)가 그 부족의 최고 지도자였다. "구려의 임금을 치우라 부른다.(九黎之君 號曰

신농씨의 묘

蚩尤)"는 『서경(書經)』「공전(孔傳)」의 기록이 이를 말해 준다.

황제를 수령으로 한 황제족은 원래 중국 서북방에 거주하다가 뒤에 중원지역에 정착했다. 이에 반해 치우를 수령으로 한 구려족은 동방에 거주하다가 뒤에 차츰 동북지구로 이주하여 오늘의 북경 탁록(涿鹿)을 근거지로 활동하였다. 이때 서방의 황제세력이 동으로 올라와 구려의 치우세력을 침략하여 동양 역사상 최초의 전쟁으로 일컬어지는 탁록대전(涿鹿大戰)이 벌

치우의 무덤 산동성 문상현에 있다.

어졌다. 탁록대전의 구체
적인 상황은 『사기』「오
제본기」에 상세히 묘사되
어 있다.

황제릉

『사기』「오제본기」를 분
석해 보면 황제(黃帝)는 동
양에서 최초로 쿠데타를
통해서 집권한 인물이라는
사실을 알게 된다. 그가 만
일 본래부터 천자(天子)였
다면 사마천이 "드디어 치
우를 사로잡아 죽이자 제후가 모두 헌원을 높여 천자로 삼았
다.(遂擒殺蚩尤 而諸侯咸尊軒轅爲天子)"라고 쓰지 않았을 것이다. 염
제(炎帝)의 뒤를 이어 천자에 오를 사람은 치우였는데 황제가 전
쟁을 통해 그 후계자 치우를 살해하고 천자가 되었던 것이다. 그
런데도 동양 역사상 동이의 지도자 치우가 악의 상징으로 묘사
되어 있는 것은 승자 중심의 기록이 낳은 결과이다.

황제와 치우의 결전장인 탁록은 북경원인 유적지인 주구점(周
口店)에서 서북쪽으로 그리 멀지 않은 거리에 있다. 황제가 침략
하기 전 탁록을 중심으로 한 오늘의 북경지역 일대는 치우를 수
령으로 하는 동이 구려족의 주요 근거지였다.

요순시대에는 동북지역에 어떤 민족이 살았는가

『사기』「오제본기」에 요순시기 동북지역의 거주민족과 관련하여 "북산융 발식신(北山戎 發息愼)……"이라는 기록이 있다. 요순시대 중국 동북지역에 거주한 민족으로 산융 · 발식신 등이 있었다는 것이다. 여기서 '북(北)'은 그저 광범하게 북방을 가리킨 것이지만 주요하게는 오늘의 하북성 일대를 의미한다.

그렇다면 여기서 말하는 산융(山戎)은 어떤 민족인가? 『사기』「흉노전(匈奴傳)」에 "당우 이상의 시대엔 산융 · 험윤 · 훈륙이 있었다."[1]고 하였다. 산융은 바로 후대 흉노족의 조상으로 동호(東胡)와 함께 동북지역에 거주하였다.[2]

산융이 춘추시대의 기록에서는 동북지역의 토착 민족인 영지(令支), 고죽(孤竹) 등과 함께 자주 거론된 것을 볼 때 동이(東夷)의 아홉 개 민족(九族), 즉 구이(九夷) 가운데 하나였던 것이 분명하다.[3]

발(發)은 우리말 '밝 · 발 · 불 · 부루'의 한자식 표현으로 밝달민족 · 배달민족을 가리킨 것이라고 본다. 그리고 여기서 말하는 식신(息愼)은 바로 숙신(肅愼)의 다른 이름이다. 『사기』「집해(集解)」에서는 정현(鄭玄)의 말을 인용하여 "식신은 숙신이라고도 하는데, 동북이이다.(息愼 或謂之肅愼 東北夷)"라고 했다. 식신은 중국대륙의 동북지역에 거주하던, 유구한 역사를 지닌 민족이다.

그런데 신채호는 '발숙신(發肅愼)'이 곧 '발조선(發朝鮮)'이며 조선과 동일한 명사가 두 가지로 번역된 것이 명백하다고 하였다.

또 북한의 역사학자 리지린은 『고조선연구』에서 "『사기』에 보이는 발조선과 『사기』『대대례기(大戴禮記)』 등에 보이는 발식신이 동일한 것으로 식신, 즉 숙신이 곧 조선이라는 설에는 나도 동의한다."[4] 고 말했다. 따라서 『사기』「오제본기」에서 말한 요순시대 하북성을 포함한 동북지역의 원주민 발식신은 바로 우리 한민족의 조상을 지칭한 것임을 알 수 있다.

하(夏) · 상(商) · 주(周) 시대에는 동북지역에
어떤 민족이 살았는가

하 왕조가 황하 유역에서 통치할 때 동이족인 상족(商族)의 조상들은 오늘의 북경지역에서 활동했다. 『초사(楚辭)』「천문(天問)편」『산해경(山海經)』『죽서기년(竹書紀年)』 등에는 상족의 조상인 왕해(王亥)가 북경지역에서 활동한 고사(故事)가 실려 있다.[5]

상족(商族)의 조상인 왕해가 소를 이끌고 유역(有易) 지방에 당도하니 유역(有易)의 임금 면신(綿臣)이 왕해를 살해하고 그가 기르던 소를 빼앗아 가자 왕해의 아들 갑미(甲微)가 하백(河伯)에게 군사를 빌려 면신을 살해하고 기르던 소를 다시 되찾아 왔다는 것이 이 고사의 줄거리이다. 청대의 역사학자 왕국유(王國維)의 고증에 따르면, 이 고사의 주요 무대인 유역(有易) 지방은 역수(易水) 유역에 있다고 하였다. 이곳은 오늘의 북경지역에 속한다.

왕해는 상족의 비교적 초기 조상으로 왕해에서 상나라의 국조

탕왕(湯王)까지는 9세(世)의 간격이 있다. 왕해에서 9세를 지나
상족이 탕임금의 영도 아래 하(夏)를 멸망시킨 이후 상 왕조(商王
朝)를 세웠다. 그러므로 왕해가 유역(有易) 즉 북경지역에서 활동
한 기간은 상 왕조가 건립되기 이전 중원지역 하 왕조의 통치시
기에 해당한다.

　　상나라시대에 동북의 주변 국가로는 기국(箕國)·연박(燕亳)·
토방(土方)·고죽(孤竹)·숙신 등이 있었다. '기국'은 북부의 주요
부족국가 중의 하나로 바로 기자(箕子)가 조선으로 오기 전에 다

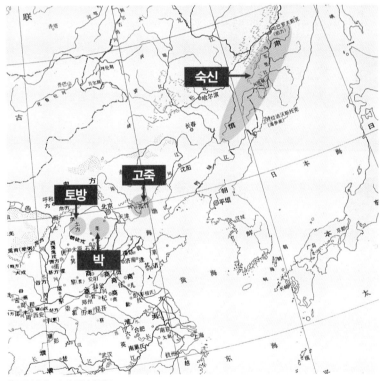

「중국역사지도집」의 상시기 전도

스리던 나라다. 또 '연박'은 서주(西周)의 분봉이 있기 전 동북의 토착민족이 세운 나라다. 고대 사서에서 한자의 '발(發)'과 '박(亳)'은 우리말 '밝'의 한자표기인 점을 감안할 때 이들 나라는 우리 밝달민족과 관련이 깊다. 오늘의 산해관 일대에 있던 고죽은 동이족의 하나였으며 『삼국유사』에 보이는 바와 같이 바로 고구려의 전신이었다.[6] 상나라시대 동북지역에 있던 기국·연박·토방·고죽·숙신 등은 모두 동이의 부족국가들이었다. 서주시기 하북에는 동이 국가로 패국(邶國)·한국(韓國) 이외에 비국

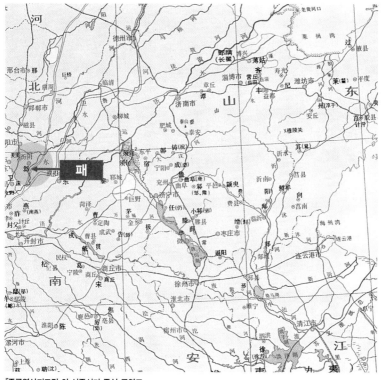

『중국역사지도집』의 서주시기 중심 구역도

(肥國)·고국(鼓國) 등이 있었다. 특히 당시 지금의 북경지역과 하북 동북부의 노룡·천안(遷安), 요서 동남쪽의 금주(錦州) 일대에 이르기까지는 산융·고조선족 등의 활동 무대였다.

동이족은 단일 부족이 아니고 지계(支系)가 많았다. 영지(令支)·무종(无終)·고죽(孤竹) 등이 모두 동이 부족이 세운 나라였다. 영지(令支)는 오늘날의 난현(灤縣)·천안 등지에서 활동했다. 기원전 664년 제나라 환공(齊桓公)이 정벌했던 영지(令支)가 바로 이들이다.

어떤 학자는 무종과 산융을 동일 씨족부락으로 인식하기도 한다. 무종은 전체의 산융족을 가리킨다는 것이다. 그러나 어떤 학자는 무종은 산융의 별종이므로 산융의 하나라고 말하기도 한다. 이들의 활동 중심은 오늘날의 옥전현(玉田縣)에 있었다고 본다. 현의 경내에 무종산(无終山)과 무종고성(无終故城)이 있기 때문이다. 혹자는 이들의 활동 중심이 오늘의 천진(天津)·계현(薊縣)에 있었다고 말하기도 한다.

서주시대의 고죽에 대해 어떤 사람은 상대 고죽국(孤竹國)의 후예라고 하고, 어떤 이는 상대 고죽국의 지명만 계승했을 뿐 산융족에 속한다고 말하기도 한다. 그들이 차지했던 땅은 대략 지금 산해관 서쪽의 진황도시·노룡·창려(昌黎)·부녕(扶寧)·난현·난남(灤南)·낙정(樂亭)·천안·천서(遷西) 등지와 장성 이북의 청룡현(靑龍縣) 일대를 포괄한다. 기원전 664년 제 환공이 정벌했던 고죽이 바로 이곳이다. 이밖에 기북(冀北)·울현(蔚縣) 일대에는 또 대융(代戎)이 있었다.

그런데 이들 산융·영지·무종·고죽 등은 모두 동이족으로서 구이(九夷)의 하나였다. 이런 사실을 통해 상나라 말엽과 주나라 초기 북경을 비롯한 동북지역에는 동이 계통의 민족과 국가가 거주했음을 알 수 있다.

춘추 전국시대에는 동북지역에 어떤 민족이 살았는가

그 후 춘추 전국시대에는 동북지역에 어떤 민족이 살았을까? 이 시기 동북지역의 토착세력은 산융(山戎)과 동호(東胡)였다. 동호(東胡)는 유목부족이다. 그들이 흉노의 동쪽에 위치했기 때문에 동호(東胡)라고 하였다. 『사기』「흉노열전(匈奴列傳)」에 따르면 춘추시대에 "연나라 북쪽에 동호가 있었다.(燕北有東胡)"고 했고, 『사기』「화식열전(貨殖列傳)」에는 전국시대의 연에 대해 설명하면서 "동쪽 변방에 호(胡)가 있다.(東邊胡)"고 말하고 있다.

연나라와 동호의 접촉지대는 대략 지금의 난하·연산(燕山) 이북 시라무렌강 북쪽의 구릉지대이고, 동부로는 의무려산(醫巫閭山)을 넘지 않았다. 이 일대는 동호 민족이 대대로 모여 살던 지방이다. 그런데 동호는 그들이 처한 위치가 연나라 북쪽 또는 동쪽으로 표기되는 것으로 볼 때 활동 근거지가 고조선과 겹친다. 따라서 동호는 고조선의 다른 표현이거나 고조선과 동족일 수 있다.

위에서 살펴본 것처럼 진시황이 통일천하를 이룩하기 전까지 북경을 비롯한 동북지역은 한족과는 무관한 동이의 아홉 개 부족인 구이(九夷)의 주요 활동 무대였다.

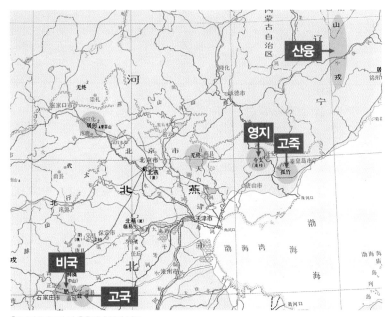

『중국역사지도집』의 춘추시기 북연 지도

2. 동북지역의 패자 고대한국

기원전 1100년 경에 고한국이 있었다

우리는 한국인으로 태어나서 한국인으로 살아간다. 그러면서도 한국이라는 나라의 이름이 어디에서 유래했는지 그 뿌리에 대해서는 잘 알지 못한다. 일반적으로 한국이라는 국가 명칭이 조선시대 말 망국과 함께 새로 만들어진 것으로 알고 있다. 그러나 한국의 역사는 기원전 1100년 경으로 거슬러 올라간다. 그런데도 조선 이전에 고조선이 있었다는 사실은 알아도 현대 한국 이전에 고한국이 있었다는 사실을 아는 사람은 많지 않다.

서주시대에 대륙 동북쪽에 이미 고대한국이 있었던 것이 여러 문헌을 통해서 확인 된다. 예맥족과 한민족이 중심이 되어 세운 나라로 현재의 북경에 근거지를 두고 광활한 동북 대륙을 지배했던 강대한 패자(覇者)의 나라 고대한국, 이 나라가 바로 오늘 현대 한국의 뿌리이다. 문헌을 중심으로 그 근거를 밝혀 보기로 한다.

『시경』「한혁편」에 보이는 고한국

동북지역의 패자였던 고대한국과 관련한 최초의 문헌상 기록은 『시경』「한혁편」에 보인다. 『시경』「한혁편」은 모두 6장으로 매 장마다 12글귀로 되어 있는데, 이 짧은 한 편의 시를 통해서 현대 한국의 기원과 한국인의 뿌리를 찾을 수 있다.

「한혁편(韓奕篇)」의 '한(韓)'은 한국(韓國)을 가리키고, '혁(奕)'은 '대(大)'의 뜻이다. 글자 그대로 대한(大韓) 즉 위대한 한국을 읊은 시다. 오늘의 우리가 사용하는 나라 이름 대한민국(大韓民國)의 대한(大韓)이 뿌리가 있고 역사가 있음을 알게 해주는 대목이다.

이 시는 전편에 걸쳐 '한후(韓侯)'가 주나라 왕실의 책봉을 받고 돌아오는 길에 도하(屠何)를 순방하고 귀국해서 아내를 맞이하고, 주 왕실에 공부(貢賦)를 납부하는 내용으로 되어 있다. 그

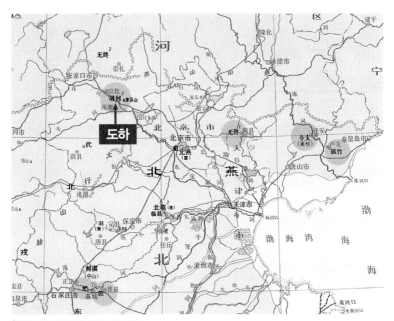

「중국역사지도집」의 춘추시기 북연 지도

런데 시의 내용 가운데 조공 책봉 관련 기사는 이 시가 한국의 역사를 기록하는 것에 주안점을 둔 것이 아니라 중국인의 입장에서 그들을 미화하기 위해 쓴 시라는 것을 감안하고 읽을 필요가 있다. 따라서 여기서 한국의 지도자를 마치 주나라의 제후라도 되는 것처럼 '한후(韓候)'라는 표현을 사용했지만 실제는 '한후'가 아니고 한왕이었던 것이다.

시의 제 1장에는 "왕이 친히 명하여 너의 조상의 뒤를 잇게 한다.(王親命之 讚戎祖考)"라는 내용이 나오는데, 이는 당시 한국이 신생국가가 아니고 예전부터 있어온 나라였음을 의미한다.

또 "조회를 오지 않는 다른 방국(方國)들을 바로잡아서 네 군주를 도우라.(幹不庭方 以佐戎辟)"는 내용도 보인다. 여기서 당시 주나라에 협조하지 않은 세력들이 있었음을 알 수 있다. 다른 나라는 들어와 알현하지 않는데 '한후'가 들어와 알현하니 '한후'를 각별히 환대한다는 2장의 기록도 이를 뒷받침한다.

3장에는 '한후'가 돌아오는 길에 주변 제후들로부터 받은 융숭한 대접에 대해 기술하고 있고, 4장에는 '한후'가 분왕(汾王)의 생질, 궐보(蹶父)의 자식을 아내로 맞이하는 과정을 기록하고 있다. 왕의 생질을 아내로 맞이했다는 것은 '한후'의 비중이 어떤 정도였는지 짐작케 하는 대목이다. 이는 '한후'의 관심을 확보하기 위한 일종의 미인계일 수도 있다.

5장에는 궐보가 딸을 시집보내기 위해 천하를 두루 돌아다녔는데, 아무리 둘러봐도 한국 만큼 살기 좋은 곳은 없었다고 하면서 물산이 풍부한 한국의 우수한 자연조건을 소개한다.

마지막으로 6장에는 북방지역의 패자로서 '한후'의 역할과 의무에 대해서 기록하고 있는데, 고대한국과 관련하여 주목할 부분은 바로 이 시의 결론 부분에 해당하는 6장이다.

"거대한 저 한성이여, 연나라 군사가 완성한 것이다.(溥彼韓城 燕師所完)"라는 대목은 이 때 한성이 연나라와 이웃해 있었음을 알 수 있다. 또 "선조가 명을 받은 것은 백만의 수장인 때문이었다.(以先祖受命 因是百蠻)"는 기록은 당시 한국 왕 이전에 그 선조가 이미 백만, 즉 동남방의 동이족들을 지배하는 최고의 수장으로서 존재했음을 말해 준다.

『상서』「주소」17권에 "성왕이 동이를 정벌하자 숙신이 와서 축하했다.(成王旣伐東夷 肅愼來賀)"라는 『주관(周官)』 서문의 내용과 여기에 대한 공안국의 다음과 같은 설명이 실려 있다. "해동의 여러 동이인 구려 · 부여 · 한 · 맥의 무리가 무왕이 상나라와 싸워 이기자 다 길을 통하였는데 성왕이 즉위하자 배반하였으므로 성왕이 이들을 정벌하여 복종시킨 것이다."

이 기록을 통해서 본다면 한국을 비롯한 구려 · 부여 등의 동이 민족이 서방의 화하족과 처음 길을 튼 것은 서주 무왕 때이다. 따라서 이 시에서 말하는 선조란 서주 초기에 최초로 서방 화하족과 왕래가 있었던 한국의 선조를 가리킨 것이다.

『금본죽서기년(今本竹書紀年)』에는 "주 성왕 12년에 주나라의 군사와 연나라의 군사가 한나라에 성을 쌓았으며 주나라 성왕이 한나라 제후에게 명을 내렸다.(周成王十二年 王師燕師城韓 王錫韓侯命)"고 기록되어 있다. 이에 따르면 상나라와의 전쟁에서 이긴 서주가 동방의 동이국가인 고한국에 대해 최초로 어떤 외교적 간섭이 있었음을 짐작할 수 있다.

시는 다시 이렇게 이어진다. "주나라 왕이 한국의 임금에게 추(追)와 맥(貊)을 내렸다.(王錫韓侯 其追其貊)" 이는 한국의 임금이 바로 예맥 민족을 다스리는 예맥족의 지도자였음을 말한다. '추'는 음으로 볼 때 '예(濊)'와 통한다. 중국인들은 동북방의 고조선족 조이(鳥夷)를 도이(島夷)라 표기하여 동남방의 동이족과 혼선을 빚게 만들었다. 마찬가지로 여기서의 '추'는 '예'족을 은폐하기 위한 의도적인 오도일 수 있다. 당시에 추라는 종족이 다른 문헌에는 보이지 않고 맥과 함께 등장하는 민족은 '예' 뿐이다. 따라서 여기서 말하는 추와 맥은 바로 예맥족을 가리킨 것이고 '한후'는 바로 이 예맥 민족의 지도자였던 것이다. 그렇다면 고한국의 지도자에게 예맥 민족의 통치를 위임했다는 서주의 왕은 누구였을까?

『모서(毛序)』에 "한혁편은 윤길보가 선왕을 찬미한 시이니 선왕이 제후들에게 명을 내려주었기 때문이다."7)라는 기록이 있다. "주선왕시 유한후(周宣王時 有韓侯)"라는 『잠부론(潛夫論)』의 기록도 주나라 선왕 때 '한후'가 있었다는 사실을 뒷받침한다. 따라서 고한국은 서주 초기 성왕 때 서주와 일차 교류가 있었고 한동안 교류가 중단되었다가 선왕 때 이르러 다시 외교관계를 열었으며, 이 때 주나라 시인이 고한국 국왕의 주나라 방문 사실을 기록한 것이 바로 『시경』「한혁편」이라고 할 수 있다.

다만 서주는 선왕의 뒤를 이은 유왕(幽王)때 종말을 고하고 동주(東周)로 전락했다. 동주는 춘추 전국시대가 전개되면서 사실상 천자 나라로서의 역할과 기능을 충분히 소화하지 못했다. 주나라 여왕(厲王) 이후부터 유왕 이전까지 재위했던 선왕 시기는 대략 기원전 800년 경에 해당한다. 기원전 1100년 전후에 세워졌던 서주 왕조가 점차 기울어 가던 무렵이다.

그런데 이때 과연 고한국이 서주의 분봉을 받는 제후의 입장에 있었는지는 의문이다. 당시 동북방의 패권국가인 고한국이, 기울어 가던 서주 왕조의 분봉을 받기 위해 주나라 왕을 찾아가 알현했다는 것은 사리에 맞지 않는다. 이 시가 우리의 기록이 아니고 중국 측의 기록임을 감안할 때 고한국이 정권교체를 이룩한 이후 외교 전례상 이웃나라를 방문하여 교류한 일을 이같은 형식을 빌어 표현한 것으로 보아도 큰 무리가 없을 듯하다.

고한국은 동북지역의 패권 국가였다

"북쪽 나라를 흡수해서 패권국가가 되었다.(奄受北國 因以其伯)"는 「한혁편」 6장의 기록은 당시 한후가 단순히 한 지방의 제후국이 아닌 광대한 동북지역을 다스리는 패자의 지위에 있었음을 의미한다.

그렇다면 고한국은 과연 다른 나라를 지배할 만큼 강대한 세력을 지니고 있었는가? 주나라 무왕은 상나라를 멸망시킨 뒤에 그 유민들을 안치시키기 위해 상나라의 수도가 있던 지역을 분할하여 패(邶) · 용(鄘) · 위(衛) 세 지역으로 만들었다.[8] 그리고 상나라 주왕의 아들 무경(武庚)을 상나라의 옛 땅에 봉하여 패국이라 칭했다.

패국의 첫 봉지에 대해 하남성 탕음(湯陰)이라는 설과 오늘의 하남성 북부와 하북성 남부 일대라는 설이 있는데 후자가 비교적 타당성이 있다. 다만 청나라 광서(光緖) 연간에 지금의 하북 내수현(淶水縣)에서 출토된 청동기의 명문이 모두 북백(北白=邶伯) 등의 글자 모양을 띠고 있어 역사학자 왕국유(王國維)가 패국은 지금의 내수현 일대에 있었다는 관점을 제기하였고 점차 학계에서 설득력을 얻었다.[9]

그러나 패국이 처음부터 내수 유역에 있었다고 볼 경우 『시경』 「국풍(國風)」의 패 · 용 · 위의 시를 해석하는데 문제가 제기된다. 따라서 패국의 최초 분봉지는 하남 북부와 하북 남부 일대이고, 뒤에 다시 내수현 일대로 이동하게 되었다는 견해가 제기되었다.[10]

내수 유역에 있었던 패국은 언제 어떻게 멸망되었을까? 사서에 여기에 대해 상세한 기록은 없다. 『시경』 「한혁편」에 있는 '엄수북국(奄受北國)'이란 문구의 북국(北國)을 여러 학자들은 패국(邶國)으로 해석하기도 한다. 이렇게 본다면 패국은 한국에 의해서 멸망된 사실이 분명하다. 고한국은 주변 국가를 합병할 수 있을 만큼 강대한 국가였으며 "북국을 흡수하여 패권국가로 발돋움 했다.(奄受北國 因以其伯)"는 표현은 전혀 과장이 아닌 것이다.

고한국은 어떤 경로로 멸망했나

동북방의 패권국가로 군림하던 고한국이 언제 어떤 경로를 통해서 멸망하게 되었는지 사서에서는 밝혀진 바가 없다. 그러나 고한국이 있던 지역이 후일 연나라 영토에 소속된 점으로 미루어 연나라에 의해 멸망했다고 보는 것이 타당할 것이다.

일연은 『삼국유사』에서 고조선에 대해서만 기록하고 고조선과 함께 동북방에서 패권 국가로 군림했던 예맥족의 나라 고한국에 관한 기사는 빠뜨렸다. 일연은 승려의 신분으로, 그가 처한 당시의 시대적 배경이나 자료 이용의 한계 등을 고려할 때 수긍이 가는 일이다. 고한국이 연나라에 의해 멸망된 이후 그 유민들이 어디로 갔겠는가. 이 세력들이 남쪽으로 내려가서 세운 것이 삼한일 것이다. 따라서 삼한의 원류와 현대 한국의 뿌리가 바로 이 고한국에 있다고 하겠다.

3. 연나라의 흥성과 고한국의 멸망 고조선의 쇠퇴

서주 왕조의 동북 교두보 연나라

기원전 11세기 서주 무왕은 은(상) 왕조를 멸망시키고 주 왕조를 건립했다. 주나라 사람들의 근거지는 섬서성의 관중지역에 있었는데 은 주왕을 정벌하기 전 그들은 토지 면적이나 인구 수 등 모든 면에서 은나라에 훨씬 뒤졌다. 무왕의 은 정벌은 비록 군사적으로는 승리했으나 그 많은 은나라 백성들을 모조리 살육한다는 것은 있을 수 없는 일이고 또 있어서도 안 되는 일이었다. 더구나 은나라의 속국 또는 우방관계를 유지하고 있던 많은 나라들은 손끝 하나 건드리지 못한 상태였다.

이런 상황에서 주나라 사람이 새로 점령한 광대한 토지를 과연 제대로 통치할 수 있을지는 미지수였다. 주 무왕은 이러한 점을 명확히 인식하고 여러 가지로 자신의 통치 지위를 공고히 할 수 있는 조치를 취했다.

그 중 하나는 은나라의 유민들을 회유하고 안심시키기 위한 정책으로서 은 주왕(紂王)의 아들 무경으로 하여금 은나라 수도에 계속 머물면서 그곳에 남아 있던 일부 은 왕국의 노인과 청소년들을 통치하게 하였다. 그런 다음 기자(箕子)의 구금생활을 풀어주고, 임금에게 바른 말 하다가 추방당한 은나라 대부(大夫) 상용(商容)의 마을 어귀에 정려문을 세웠다. 또 녹대(鹿台)의 제물과

거교(巨橋)의 곡식을 백성들에게 나누어주고, 바른 말 하다 처형된 은나라의 현자 비간(比干)의 무덤에 봉하였다.

다른 하나는 친척들을 봉건세력으로 삼아 주나라의 울타리 역할을 하도록 한 전략이었다. 주 무왕의 일가친척과 공신들을 제후로 삼아 그들로 하여금 새로 점령한 땅에서 주 천자를 보필하며 병풍 역할을 하게 했다.

희석(姬奭)은 주 무왕의 사촌동생이다. 젊었을 때 소(召) 땅에 그의 식읍이 있어서 소공이라 칭했는데 소공은 무왕의 중요한 조력자였다. 『사기』「주본기(周本紀)」에 따르면 주 무왕이 은 주왕을 정벌한 후 "소공석을 연나라에 봉하였다.(封召公奭于燕)"라고 하였다. 이것이 서주의 화하족이 동북의 연나라지역에 최초로 교두보를 마련하게 된 계기이다.

연나라의 첫 분봉지는 어디인가

그런데 서주의 연나라에 대한 최초 분봉지가 어디냐에 대해서는 역사적으로 이론이 많았다. 이 논란은 비단 오늘날에만 있는 것이 아니라 고대 문헌들 가운데도 여러 가지 상이한 기록들이 존재한다. 소공의 첫 분봉지역이 '연'이라는 사실에는 각종 고문헌의 기록과 설명이 일치하지만 구체적인 지점이 어디인지에 대해서는 갖가지 주장이 제기되어 왔다.

①연산지야(燕山之野)[11] ②북평 무종현(北平无終縣, 현재 천진 계

현(薊縣))[12] ③광양국 계현(廣陽國薊縣, 지금의 북경 관할 구역)[13] ④계구(薊丘)[14] ⑤당 유주 계현(唐 幽州 薊縣)[15] ⑥내수(淶水)[16] ⑦하남 언성(河南 郾城)[17] ⑧은대 고국구지(殷代 故國舊址)[18] ⑨북경(北京)[19] ⑩유리하(琉璃河)[20] 등이 첫 분봉지로 꼽힌다.

그런데 이 많은 주장 가운데 부사년(傅斯年)의 하남설이 제기된 이후에 영향력이 매우 컸으며 많은 학자들이 이에 찬동했다. 가령 고힐강(顧頡剛)은 하남설에 적극 동의하면서 "그 학설이 나온 이후에 세상에서 더 이상 이론이 없었다."라고 말하기도 하였다. 그는 논문에서 연나라가 맨 처음 하남에 분봉되고 뒤에 다시 북쪽으로 옮겼는데, 먼저 산서로 옮겼다가 나중에 다시 하북 경내로 옮겨갔다고 주장했다.[21]

필자는 부사년의 설에 동의한다. 왜냐하면 서주 초기에는 그 세력이 오늘의 북경지역까지 미치지 않았고, 연나라가 지금의 북경지역을 포괄하는 광대한 영토를 차지한 것은 소왕 이후에 해당하는 일이기 때문이다.

연나라의 흥성과 고한국의 멸망 고조선의 쇠퇴

연나라는 전국 7웅 가운데 그 역량이 가장 취약했다.[22] 당시 연나라의 국제적 위상은 독자적으로는 생존이 불가능하고 이웃의 강대국에 의존해야만 권력을 유지할 수 있을 만큼 나약한 정권이었다.[23]

지도층은 서주 출신이지만 일반 민중은 화하족이 아닌 동이족이어서 그 기반이 태생적으로 몹시 취약할 수밖에 없었다. 연나라 왕이 장의(張儀)에게 "과인은 만이의 궁벽한 지역에 처해 있다.(蠻夷僻處)"고 말한 데서도 이런 사정이 잘 드러나 있다.

　　이처럼 나약했던 연나라가 어떻게 강대국으로 발돋움할 수 있었을까? 소왕 때 장수 진개(秦開)의 등장이 그 계기였다. 예컨대 진개가 동호를 정벌한 이후 상곡·어양·우북평·요동·요서 등의 5군을 설치한 것이 하나의 좋은 사례이다.[24]

　　이는 진개가 등장하기 이전에 이 5군 지역은 연나라의 영토가 아니라 동호의 영토였으며, 연나라의 영토는 하북성의 상곡 어양 서쪽에 국한된 소국이었던 사실을 잘 나타낸다.

　　소왕 이후 연나라의 국력은 크게 강화되었다. "동쪽에는 조선·요동이 있고, 북쪽에는 임호·누번이 있고 서쪽에는 운중·구원이 있고 남쪽에는 호타·역수가 있다.[25]

　　저 유명한 합종설을 주창한 소진(蘇秦)은 소왕 이후 연나라 문후(文侯)에게　이렇게 말했다. 이는 책사의 과장된 말일 수도 있겠지만 당시 광대한 연나라 강역의 개괄적인 상황을 대체로 반영한다고 할 수 있다. 즉 동쪽으로는 조선, 북쪽으로는 북적과 이웃하고, 남쪽으로는 제나라, 서쪽으로는 조나라와 국경을 접하고 있었다. 당시 연나라는 오늘날의 행정구역으로 말하자면 북경지역을 중심으로 해서 하북성 북부와 내몽고 남부, 산서성 동북부, 산동성 서북부 및 요령성의 서부 등 광대한 지역을 영유하고 있었던 것이다.

연나라의 국력이 강화되면서 이웃해 있던 고한국과 고조선이 상대적으로 약화될 수밖에 없는 것은 당연한 귀결이었다. 서주와 춘추시기에 연나라의 강역은 주요하게 하남성·산서성을 비롯해 하북성 북쪽 일부 지역을 포함하고 있었으며 난하 유역을 넘지 않았다.

난하 유역과 요령성 서부의 대릉하 유역을 포괄한 지역에는 고조선의 예맥족이 널리 분포되어 있었다. 그리고 영지국과 고죽국은 오늘의 산해관 일대에 있었는데 이곳은 산융세력의 활동 중심지였다. 산융은 춘추시대에 하북성 북부에 분포되어 있던 토착 부족으로서 외세인 연나라는 토착 세력인 산융족의 주요 공격 목표가 되었다.

하남성에서 출발한 연나라는 차츰 북쪽으로 세력을 넓혀 소왕 때에 먼저 북경 주변의 계국(薊國)과 고한국을 합병하였다. 뒤에 다시 하북 북부의 동이 부족국가인 고죽국·영지국·무종국 등을 공격하여 복종시키거나 멸망시키고 요서로 세력을 확대했다. 연나라가 동북 방면으로 세력을 확장하는 과정에서 북경 주변에 있던 고한국은 먼저 통합되었고, 하북성 북부 대릉하 유역에 있던 고조선은 그 세력이 약화 일로를 걷게 되었던 것이다.

그러나 북경 주변에 있던 고한국을 합병하고 요서지역의 고조선 서방 영토를 탈취한 연나라는 결국 진시황에 의해서 멸망하고 만다. 기원전 226년 겨울 진나라 장수 왕전(王翦)이 연나라의 수도 계성(薊城), 지금의 북경시 서남쪽을 공격하여 점령하자 연왕 희(喜)와 왕자 단(丹)은 정병을 인솔하고 동쪽의 요동군으로 옮겨가서 겨우 명맥만 유지했다.

이듬해 진나라는 연나라의 옛 영토에 어양군 · 우북평군 · 요서군을 설치하고 그 다음에 상곡군 · 광양군을 설치했다. 기원전 222년 진나라가 한나라 · 위나라 · 초나라를 차례로 멸망시킨 뒤 다시 왕분(王賁)을 보내 요동에 있던 연나라를 공격했다. 이때 연나라 군대가 패전하자 연왕 희는 사로잡히고 연나라는 결국 멸망하게 되었다.

[주]

1) "唐虞以上 有山戎獫狁葷鬻"

2) 「漢書」「匈奴傳」, "北有東胡山戎."

3) 「國語」「齊語」, "北伐山戎 制令支斬孤竹 而南歸海濱", 「管子」「小匡」, "北伐山戎 制令支 斬孤竹"

4) 리지린, 「고조선연구」, 과학원출판사, 1963. p34 참조

5) 「竹書記年」, "殷王子亥 賓于有易而淫焉 有易之君綿臣 殺而放之 是故殷主甲微 假師于河伯 以伐有易 滅之 遂殺其君綿臣也" 「山海經」, "王亥托于有易 河伯僕牛 有易殺王亥取僕牛"

6) 「삼국유사」「紀異」, 제 1, "高麗本孤竹"

7) "韓奕 尹吉甫 美宣王也 能錫命諸侯"

8) 東漢 鄭玄, 「詩譜」, 「邶鄘衛譜」, "周武王伐紂 以其京師 封紂子武庚爲殷后 庶民頑民 被紂化日久 未可以建諸侯 乃三分其地 置三監 使管叔蔡叔霍叔 尹而敎之 自紂城以北 謂之邶 南謂之鄘 東謂之衛"

9) 王國維, '北伯鼎拔' 「觀堂集林」, 제 3책, 권18, 中華書局, 1959. p884.

10) 魏建震, '邶國考' 「河北學刊」, 제 4기, 1992.

11) 「史記」「正義」

12) 淸 楊守敬, 「水經注」, 「漯水疏」

13) 「漢書」「地理誌」

14) 酈道元, 「水經注」

15) 「史記」「燕世家 索隱」

16) 「太平寰宇記」, 권 67, 易州 易縣下.

17) 傅斯年, 「大東小東說」, 「전역사어언연구소집간」, 제 2본, 제 1분, 1930.

18) 白壽彝, 주편 「중국통사」, 제 3권, 제 3장, 제 1절.

19) 「嘉慶重修一統志」, 권1, 京師1.

20) 북경시 문물연구소편, 「유리하서주연국 묘지」, 문물출판사, 1995. p250.

21) 顧頡剛, '燕國曾遷汾水流域攷', 「責善豊 月刊」, 제 5기, 1940.

22) 「史記」「연소공세가」, "燕北迫蠻夷 內措齊晋 崎嶇强國之間 最爲弱小"

23) 「전국책」「연책 1」, "凡天下之戰國七 而燕處弱焉 獨戰則不能 有所附則无不重 南附楚則楚重 西附秦則秦重 中附韓魏則韓魏重 且苟所附之國重 此必使王重矣"

24) 「史記」「흉노전」, "自造襄至襄平 置上谷漁陽右北平 遼西遼東郡 以拒胡"

25) 「전국책」, 「연책 1」

8

고조선의 발상지 대릉하 유역

1. 고조선의 발상지는 대릉하 유역에 있었다

우리의 역사와 문화를 그나마 체계적으로 전하는 문헌은 고려 시대에 편찬된 『삼국사기』와 『삼국유사』가 있을 뿐이다. 그 이 전에 우리의 조상들에 의해 편찬되었던 『고조선비사』, 『고구려유 기』, 『백제서기』와 같은 문헌들은 애석하게도 전란에 모두 유실 되고 전하지 않는다.

『삼국사기』, 『삼국유사』는 책 이름이 말해 주듯이 주로 삼국의 역사 기록에 초점이 맞추어져 있어서 고조선을 비롯한 상고사를 전하는 내용이 극히 빈약하다. 따라서 우리의 상고사를 연구하는 자료로서는 한계가 있을 수밖에 없다. 오히려 중국 문헌 가운데 우리 민족을 비롯한 주변 민족들에 대한 기록이 담겨 있다. 특히『사기』「조선열전」을 비롯한 역대 중국 정사(正史)「동이전(東夷傳)」은 우리의 역사와 문화를 연구하는데 크게 참고가 된다.

다만 중국 정사「동이전」의 내용은 대부분 중국측의 관심 대상을 기록한 것이다. 예컨대 조공 책봉과 같은 내용을 중국측 입장에서 기술한 것이기 때문에 사건의 본질을 왜곡한 경우가 많아 그 진상을 파악하는 데는 역시 어려움이 있다.

이런 연유로 우리 민족의 시원과 관련된 연구는 현재 극히 초보적인 상태에 머물러 있다. 예를 들면 지금까지도 고조선의 건국시기, 수도와 강역 등에 대해 논란이 분분하고 통일된 견해가 없는 실정이다. 더구나 일제 강점기를 거치면서 형성된 식민사관의 영향으로 단군조선·기자조선의 존재 자체를 아예 부정하는 시각도 없지 않다. 또 설령 그것을 인정한다고 해도 그 출발점을 일본 역사의 상한인 2600년보다 늦은 기원전 3세기로 내려잡는 등 왜곡의 정도가 심각하다.

그런데 불행하게도 고조선 역사의 절반을 부정하는 이런 왜곡된 견해가 오늘날 우리 역사학계의 통설로 되어 있다. 어디 그뿐인가. 대동강변의 평양을 고조선의 발상지로 보는 일제의 식민통치를 위한 반도사관이 아직도 우리 역사학계의 기본 입장으로 고착화되어 있는 한심한 실정이다.

"B.C. 108년 한사군 설치까지 주로 한반도 서북 해안지역에 있었던 부족국가, 이른바 단군조선·기자조선·위만조선의 총칭으로 그 중심은 대동강 유역이었다. 『삼국사기』『삼국유사』 기타 중국의 『사기』 등에 실려 전하나 아직 확실한 방증이 없으며 새로운 과학적 연구와 해석이 필요하다."

이는 이홍직(李弘稙)이 편찬한 『국사대사전』에 실려 있는 고조선에 관한 설명이다. 고조선에 관한 종래 우리 학계 일반의 시각이 잘 반영되어 있다. 그러나 문헌 자료와 고고자료를 종합적으로 검토 분석해 보면 대동강 유역의 평양이 고조선의 발상지가 될 수 없다는 사실은 명백하다.

관련 자료를 근거로 지금의 평양이 고조선의 발상지가 될 수 없는 세 가지 이유와 대릉하 유역을 고조선의 발상지로 보는 네 가지 근거를 하나하나 제시하기로 한다.

2. 평양이 고조선의 발상지가 될 수 없는 세 가지 이유

평양 단군묘는 숱한 단군묘 가운데 하나일 뿐이다

『신증동국여지승람』에는 평양성 동북쪽 강동현에 단군묘가 있다고 기록되어 있다. 강동현에 단군의 무덤이 있다는 사실 때문에 사람들은 평양을 고조선의 첫 수도라고 생각하는데 주저하지 않는다.

단군묘가 평양에 있다는 사실은 평양을 고조선의 발상지로 보게 되는 중요한 이유 중의 하나이다. 북한은 강동군에 있는 단군묘를 발굴하여 성역화하고 그 연대를 지금으로부터 5011년 전이라고 발표하여 이를 고조선을 건국한 국조 단군의 능으로 확정했다.

그러나 『조선왕조실록』을 비롯한 옛 문헌을 살펴보면 지금 강동현에 있는 단군릉은 원래 단군의 왕릉이 아닌 단군묘였다. 뿐만 아니라 그곳에 부임한 평양감사들이 여러 차례 조정에 성역화를 건의했으나 지방에 전해 내려오는 전설만 믿고 이를

평양 강동현에 있던 옛 단군릉

단군묘로 확정할 수는 없다며 번번이 거절당했다. 그래서 평양의 단군묘는 조선조 500년 동안 민간에 전설로만 전해왔을 뿐 국가의 공식 승인을 얻지 못했다. 그러다가 고종 때에 이르러 비로소 단군묘로 공인되고 성역화되었다.

우리는 조선조 500년 동안 역대 왕들이 평양의 단군묘를 공인하지 않은 이유와 일제 강점기 고종시대에 단군묘가 단군릉으로 격상되어 공인된 배경을 생각해 볼 필요가 있다.

조선의 역대 왕들이 평양시 강동현에 있는 단군묘에 대해 정식으로 공인해 주기를 주저한 이유는 이 무덤이 고조선을 건국한 제 1대 단군왕검의 능으로 보기 어렵다고 판단한 때문이다. 그리고 고종때 이를 단군왕검의 능으로 공인하여 성역화한 것은 반도사관을 형성하는데 단군묘를 이용하려는 일제의 간계가 배후에서 작용한 것은 아닌가 하는 의구심을 떨쳐버릴 수 없다.

민간에서 그곳이 단군의 무덤이라고 구전으로 전해왔다면 단군과 전혀 무관한 것으로 치부하여 일방적으로 부정할 수는 없다. 다만 고조선은 2000여 년의 오랜 역사를 지닌 나라이므로 역대 임금은 수십 명에 달할 것이다. 평양에 있는 단군묘는 고조선 제 1대 단군왕검의 묘소라고 단정짓기는 어렵지만 고조선 말엽 한무제의 침략을 피해 동쪽으로 내려온 어느 단군의 무덤일 수 있다. 따라서 평양에 단군릉이 있다는 이유만으로 평양을 고조선의 발상지라고 말하기는 어렵다는 것이다.

고조선 건국을 입증할 유물·유적이 없다

고인돌 무덤은 신석기시대에서 금석(金石) 병용시대에 걸쳐 이루어진 고대 우리 민족의 독특한 묘장 방식이다. 우리나라의 고인돌은 그 축조형식에 따라 남방식과 북방식으로 구분된다. 남방식의 특징은 어떤 것이든 묘실이 지하에 묻혀있다는 점이다. 이에 비해 북방식은 지상에 석실(石室)을 만들고 이것이 곧 묘실(墓室)이 되어 지상에 노출되어 있다.

평양지역에는 초기의 고인돌이 많이 분포되어 있다. 평양을 중심으로 40킬로미터 이내에 수천 개의 고인돌이 있어 평양지역은 한국에서 가장 많은 고인돌이 분포된 지역으로 손꼽힌다. 특히 평양지역에서 발견된 초기의 고인돌은 다른 지역에서는 흔히 볼 수 없는 것들이 많다는 데 중요한 의미가 있다. 따라서 평양 일대에서 집중적으로 발견되는 이러한 초기 고인돌을 근거로 이 지역을 고조선의 첫 수도로 보는 근거로 삼기도 한다.

그러나 고인돌 무덤이 집중적으로 분포되어 있다고 해서 이것이 고조선의 첫 수도임을 증명하는 결정적 기준은 될 수 없다고 본다. 왜냐하면 고인돌 무덤의 집중적 분포가 곧 건국을 의미한다는 어떤 근거도 찾을 수 없기 때문이다. 고인돌 무덤은 평양 이외에 요동지방을 비롯한 우리나라 전역에서 발견되고 있다. 따라서 단순히 고인돌 무덤이 많이 발견된다는 이유만으로 평양을 고조선의 첫 수도로 속단하는 것은 무리가 있다.

중국의 유명한 고고학자 소병기(蘇秉琦)는 국가의 형성 발전 단

용동리 고인돌 황남 배천군 용동리에 있는 청동기시대 고인돌

계를 고성(古城)시대-고국(古國)시대-방국(方國)시대-제국(帝國)시대로 정리했다. 인류 사회가 원시 단계를 지나 국가를 수립하기까지는 고성·고국 단계를 거쳐야 하며 고국 단계를 거치지 않고 곧바로 방국이나 제국 단계로 진입할 수 없다는 것이 그의 주장이다.

평양이 고조선의 발상지가 되려면 고인돌 무덤과 함께 요서 대릉하 유역의 홍산문화 유적지에서 발견된 제단·여신묘·적석총 등과 같은 건국 전야의 국가의 기본형태를 보여주는 유물 유적들이 동시에 발굴되어야 한다.

그런데 평양 일대에서는 고인돌 무덤과 비파형 청동단검, 청동기 유물 이외에는 건국과 직접 관련된 어떤 유적도 발굴된 사

실이 없다. 평양 일대에서 고인돌 무덤
과 비파형 청동단검이 많이 발견된다
는 것은 이 지역이 청동기시대에 정
치·문화적으로 중요한 역할을 담당했
을 가능성을 시사한다.

그러나 고조선 건국과 직접 관련된
그 어떤 유물이나 유적도 발견된 바가
없기 때문에 고인돌 무덤이 많이 발견
된다는 이유만으로 평양이 곧 단군왕
검 고조선의 발상지라고 단언하기는
어려운 것이다.

비파형 동검   세형 동검

패수는 대동강이 아니요 왕검성은 평양이 아니다

『사기』「조선열전」에 "조선왕 위만은 옛 연(燕)나라 사람인데
그가 패수를 건너와 조선의 왕이 되었으며 왕험성에 도읍했다."
라고 기록되어 있다. 위만의 수도 왕험성은 고조선 단군왕검의
수도 왕검성을 말한다. 그런데 『사기』「색은」에서 "왕험성은 낙
랑군 패수의 동쪽에 있다."라고 주석하였다. 따라서 낙랑군이나
패수의 위치가 확인되면 고조선의 발상지인 왕검성의 정확한 위
치를 파악할 수 있게 된다.

왕검성이 평양이며 한사군의 낙랑군은 오늘날 평양을 중심으

로 한 평안도지역이라고 주장한 사람들은 주로 일본 고고학자들이었다. 그들이 이렇게 주장한 목적은 반도사관을 형성하여 한민족의 역사와 문화를 모독하고 유린하기 위한 것임은 두말할 나위가 없다.

왕검성이 평양이라면 압록강 이남에서 연·진·전한대의 유물이 출토되어야 한다. 역사적으로 볼 때 위만을 비롯한 수많은 한인(漢人)들이 여기 국경 지대에 거주했기 때문이다. 그러나 압록강 이남에서 연·진·전한대의 유물이 대량으로 출토된 적은 없다.

일본 학자들은 대동강을 패수로, 왕검성을 평양으로 비정하였다. 일본 학자들의 주장과 같이 대동강을 패수로 인정한다면 위만이 패수를 건너 진나라 옛 공터의 상·하장(障)에 거주했고 고조선 왕이 그에게 100리 땅을 봉해 주었으니 왕검성은 대동강 동쪽 100여 리 밖에 있어야 한다. 그러나 현재의 평양은 대동강 서쪽에 있다. 그리고 대동강과 평양 사이에서 해당 지역 100여 리의 땅을 찾을 길이 막연하다.

패수를 대동강, 평양을 왕검성으로 볼 경우 지리적 조건이 문헌 기록과 전혀 맞지 않고 대동강이 선진시대 중국과의 국경선이었다는 것을 고고학적으로 증명할 만한 아무런 유물도 발굴된 것이 없다. 따라서 오늘 북한의 대동강 유역 평양이 고조선의 발상지라는 논리는 성립될 수가 없는 것이다.

대릉하 위에 놓인 대릉하교

대릉하 수천 년 동안 한민족과 애환을 함께 해온 강이다

3. 대릉하 유역을 고조선의 발상지로 보는 네가지 근거

문헌학적 근거

중국 문헌에 고조선의 첫 발상지에 관해 직접 언급한 기록은 없다. 그런데 『사기』 「조선열전」에 "조선왕 위만이 왕험(王險)에 도읍했다."라는 기록이 나온다. 위만은 단군조선·기자조선을 이어 조선의 왕이 되었으므로 위만조선의 수도 왕험성을 추적하면 고조선의 발상지를 알아내는 일이 가능할 수도 있다.

고대 중국인들은 그들의 도읍지를 '왕험'이라고 부른 일이 없다. 이는 고대 중원 왕조에서는 찾아볼 수 없고 고조선의 왕도에서만 발견되는 특이한 명칭이다. 그렇다면 위만조선의 수도 왕험에 담긴 의미는 무엇인가?

고대 조선어에서는 왕을 '검'·'곰'·'겜'이라 칭했다. 신라에서 왕호를 이사금(尼師今)이라 한데서 보듯이 '검'이나 '금'은 고대 우리나라에서 통치자에 대한 칭호였다. 성은 '잣' 혹은 '터'라고 말했다. 우리나라 문헌들에 나오는 '왕검성(王儉城)'은 임금이 있는 곳인 '임검성'의 한자식 표기이다. 따라서 여기서 말하는 위만 시기 조선의 수도 왕험성(王險城)은 곧 왕검성을 가리켜 말한 것이다.

그리고 『한서』 「지리지」 요동군 험독현(險瀆縣)의 주석에 의하면 '험독'을 또한 조선의 옛 도읍이라고 하여 왕검성과 같은 의

미로 해석하고 있다. 험독의 '독(瀆)' 자는 중국 한어음으로 '두' 혹은 '도'로 발음되며 그것은 '터'와 음이 통한다. 따라서 '험독(險瀆)'은 곧 '검독(儉瀆)'이고 '검독'은 '검터'이며 '검터'는 우리말 '임검성'으로 왕검성과 동일한 의미를 지닌다.

그러나 우리나라 말에 대한 상식이 부족했던 중국인들이 임검성에 대한 이두식 표기인 왕검성이나 검독의 의미를 알 리가 없다. 따라서 그들에게는 한자의 의미상으로 볼 때 검소하다는 뜻이 담긴 왕검의 '검' 자나 검독의 '검' 자가 전혀 무의미하다. 그 결과 이를 중국 사서에 기록하는 과정에서 험요(險要)의 요새지에 세워진 왕성이란 의미가 담긴 '험' 자로 바꿔 왕검성은 왕험성으로, 검독은 험독으로 표기한 것이라고 볼 수 있는 것이다.

그러면 조선왕 위만이 정했던 수도 왕험성은 과연 어디에 있었던 것일까? 『사기』「색은」에서 왕험에 대한 주석을 살펴보면 서광(徐廣)은 "창려(昌黎)에 험독현이 있다."라고 하였고 응소(應劭)는 "요동에 험독현이 있는데 이곳이 조선왕의 옛 도읍지이다."라고 하였으며, 신찬(臣瓚)은 "왕험성은 낙랑군 패수의 동쪽에 있다."라고 하였다.

이 주석 내용은 얼핏 보기에 조선왕의 도읍지가 창려에 하나, 요동에 하나, 낙랑군에 하나 등 모두 세 군데 있었던 것처럼 보인다. 이제 사료를 통해 이들 지역에 대해 구체적으로 검토해 보자.

서광이 말하는 창려의 험독이란 어디를 말하는 것인가. 청나라 때 고증학자인 고염무(顧炎武)는 『일지록(日知錄)』에서 창려는

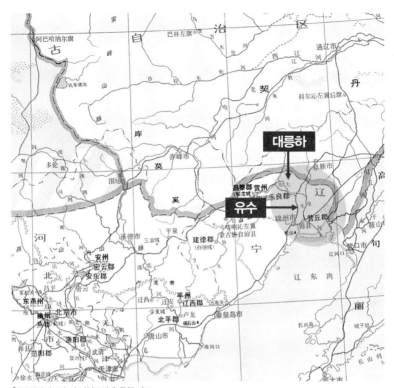

「중국역사지도집」의 남북조시대 동위 지도

한나라때 요서군에 속한 현으로서 유수(渝水)의 연안에 있었다고
했다. 유수는 곧 오늘날의 대릉하로서 요하와 난하 사이에 있는
강이다. 따라서 서광이 말한 창려의 험독은 오늘날 대릉하 유역
일대에 위치해 있었던 것임을 알 수 있다.

　1987년에 중국사회과학원이 펴낸 『중국역사지도집』 2책 서한
조에 보면 요동군의 요양과 인접한 곳에 험독이 있다. 이곳이 응
소가 요동에 있다고 말한 험독이 아닐까 추측된다.

　특히 험독 위쪽에 망평(望平), 아래쪽에는 양평(襄平)이라는 지

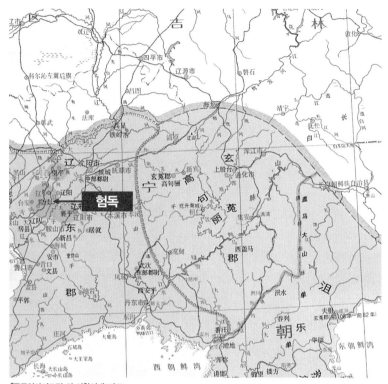

「중국역사지도집」의 서한시대 지도

명이 남아 있는 것으로 보아서 이 요동의 험독은 평양성으로 불리던 고조선의 수도였을 것으로 추정된다. 평양이라는 지명은 없어졌지만 평양을 바라본다는 뜻의 망평, 평양을 뒤집은 말인 양평이 남아서 사라진 평양의 역사를 대변하고 있기 때문이다.

　다음은 신찬이 말하는 낙랑군의 왕검성에 대해서 살펴볼 차례다. 낙랑군을 현재의 평양을 중심으로 한 평안도지역으로 비정하고 고조선의 첫 도읍지 왕검성을 지금의 평양이라고 하는 것이 우리 역사학계의 통설이다.

그러나 중국의 여러 사서를 통해서 확인되는 낙랑군의 위치는 이와 다르다. 예컨대『수경』「패수」에는 "패수가 낙랑군 누방현에서 나온다.(浿水出樂浪鏤方縣)"는 기록이 보이는데『요사』「지리지」동경도(東京道) 조에는 "자몽현(紫蒙縣)은 본래 한의 누방현이다.(紫蒙縣 本漢鏤方縣也)"라고 했다. 요나라때 자몽현과 한나라때 누방현이 동일한 지역이므로 자몽현의 위치가 확인되면 낙랑 누방현의 위치를 알 수 있다.

『당서』「지리지」에 "평주에 자몽·백랑·창려 등의 성이 있다.(平州有紫蒙白狼昌黎等城)"라고 하였다. 따라서 요나라때의 자몽현은 백낭·창려 등지에 인접해 있던 지역임을 알 수 있다. 그런데 고염무는『일지록』「창려변(辯)」에서 창려군이 청나라때 광녕현 지역에 있었다고 말하고 있다. 이 설에 따르면 창려와 가까운 자몽현은 광녕 부근에서 찾을 수밖에 없는데 청나라때 광녕은 의무려산 남쪽 대릉하 유역 부신시(阜新市) 부근에 해당한다.

그리고『대청일통지(大淸一統志)』에 험독의 위치를 설명한 기록을 보면 "옛 험독성이 광녕현 동남에 있는데 한(漢)나라때는 현으로서 요동군에 속해 있었다."라고 하였다.[1]

이와 동일한 내용을『독사방여기요(讀史方輿記要)』에서도 찾아볼 수 있다. 이는 청나라때 광녕 동남쪽에 옛 험독성이 있었다는 것인데 청대의 광녕은 바로 대릉하 유역 동부 연안인 것이다.[2]

낙랑군이 대릉하 유역에 있었음을 증명할 수 있는 보다 분명한 근거는 무엇보다도 낙랑이라는 지명이 요락수와 백랑수에서 유래한 이름이라는 점이다. 평안도 대동강 유역에서는 낙랑과

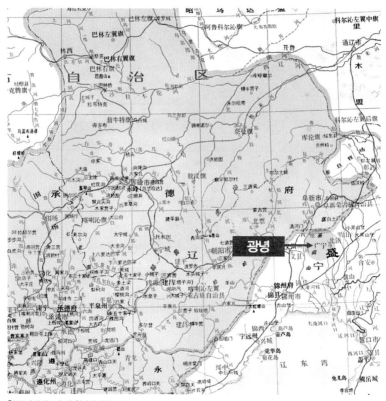

『중국역사지도집』의 청나라시대 지도

연관된 어떤 산 이름이나 물 이름도 찾아볼 수 없다. 고대의 지
명이 대체로 산 이름이나 물 이름에서 유래한 것에 비추어볼 때
대동강 유역에서 낙랑과 연관된 지명을 전혀 찾아볼 수 없다는
것은 평양을 낙랑으로 인정하는데 큰 약점으로 작용한다.

　현재 요서의 대릉하가 한나라때는 백랑수이고, 서요하 상류의
시라무렌강이 요락수였다. 따라서 낙랑군이란 지명은 요락수와
백랑수에서 유래한 것이 분명하다. 이 지역에 있던 고조선을 멸

망시키고 한사군을 설치하면서 조선이라는 이름을 사용하기 싫었던 한 무제는 요락수의 '낙' 자와 백랑수의 '랑' 자를 결합해서 만든 낙랑군이란 지명을 한사군의 하나로 채택했던 것이다.

지금까지 살펴본 내용을 종합적으로 분석해 보면 서광(徐廣)이 말한 창려의 험독현과 신찬이 말한 낙랑군의 왕험성이 사실은 같은 곳이고, 응소가 말한 요동군의 험독현과 신찬이 말한 낙랑군의 왕험성은 다른 곳이다. 따라서 고조선의 수도는 요동의 요양 부근과 요서의 대릉하 유역 등 두 군데 있었다는 결론에 도달하게 된다.

그러면 요동의 험독과 낙랑군의 왕험성 가운데 위만조선의 도읍지는 과연 어디였을까? 응소는 요동의 험독을 조선왕 위만의 도읍지로 보았고[3] 신찬과 안사고(顔師古)는 응소와 달리 낙랑군의 왕험성을 위만조선의 도읍지로 보았다.[4]

위만은 기자의 후손인 준왕(準王)으로부터 정권을 빼앗아 위만조선을 건국하였다. 뒤에 서한 무제에 의해 위만조선이 멸망하고 그 지역에 한사군이 설치되었다. 낙랑군은 한사군 가운데 하나인 동시에 조선현을 수현으로 거느린, 한사군 가운데서도 가장 핵심적인 군에 속했다. 그렇기 때문에 위만조선이 멸망하기 전 도읍인 왕검성이 이곳에 있었을 것은 당연한 일이다. 따라서 신찬과 안사고가 낙랑군의 왕험성을 위만조선의 도읍지로 본 것이 타당하다고 여겨진다.

그런데 『한서』 「지리지」 낙랑군 조선현 조에 "무왕이 기자를 이곳 조선에 봉하였다.(武王封箕子於朝鮮)"는 주석이 있고 『진서』

「지리지」 낙랑군 조선현 조에도 "조선은 주나라가 기자를 봉했던 땅이다."라는 주석이 덧붙여져 있다.

이는 낙랑군 조선현은 위만조선의 수도였을 뿐만 아니라 위만조선 건국 이전 기자조선의 도읍지이기도 했다는 사실을 말해준다. 기자는 은나라의 왕족으로 우리와 핏줄이 같은 동이 계통의 민족이었다. 은나라가 멸망하자 단군조선으로 망명하여 기자조선을 세웠다.

그러므로 기자조선이 건국되기 전 이곳은 단군왕검의 왕검성이 있던 지역이 명백하며 따라서 낙랑군 조선현이 곧 고조선의 발상지였다는 결론에 도달하게 되는 것이다.

요하와 난하 사이 대릉하 유역은 한사군의 낙랑군이 설치되기 이전에 위만조선의 왕검성이 있었던 곳이다. 위만조선이 건국되기 전 이곳은 기자조선의 수도였으며, 기자가 망명해오기 전에는 단군왕검의 왕검성이 여기 있었다. 따라서 고조선의 발상지는 대동강 유역의 평양이 아니라 대릉하 유역의 요서인 것이다.

그러면 요동의 험독은 무엇인가. 요동의 험독은 고조선의 첫 수도가 아니라 후기의 수도이거나 제 2의 수도 즉 부도라고 본다. 연나라 소왕 시기에 조선은 서쪽으로 2000여 리의 땅을 연나라에게 빼앗긴 일이 사서에 기록되어 있다. 이것이 사실이라면 이때 조선이 요서 대릉하 유역에서 요동의 요하 유역으로 도읍을 옮겼을 가능성이 있는데 그 당시 조선왕의 도읍지가 요동의 험독현이 아니었을까 생각된다.

고고학적 근거

앞에서 우리는 주로 문헌을 통해서 요하와 난하 사이 대릉하 유역이 고조선의 건국지라는 사실을 확인하였다. 문제는 이것이 과연 고고학적으로 어떻게 증명이 되느냐 하는 것이다.

대릉하 유역이 기원전 30세기 동아시아에서 최초로 건국된 고조선의 발상지라는 사실이 입증되기 위해서는 그곳의 신석기시대 말기나 청동기시대 초기 유적들에서 건국의 신호를 알리는 유물과 유적이 대량 발굴되어야 한다.

청동기시대 대릉하 유역 일대의 대표적인 유적은 하가점하층문화인데 당시 한반도·요동반도·산동반도를 통틀어 비파형동검이 가장 많이 집중적으로 출토되는 곳이 이곳 대릉하 유역이다. 이것은 당시 대릉하 유역 일대가 문화의 중심지였음을 말해 준다.

그리고 신석기시대 후기 고조선이 아직 건국되기 전 대릉하 유역 일대에서 중원의 앙소문화보다 한발 앞서 화려하게 꽃핀 홍산문화가 발견되었다.

홍산문화의 대표적 유적으로는 객좌현(喀左縣) 동산취촌(東山嘴村)의 제단과 건평현(建平縣) 우하량(牛河梁)의 여신묘·적석총 등을 들 수 있다. 제단·여신묘·적석총은 후기 홍산문화가 보여준 특색이다.

이와 함께 사람 크기의 채색 여신두상, 크기가 일정하지 않은 진흙으로 빚은 여성나체상 파편, 여러 종류의 동물 형태의 옥,

특히 모양이 다른 옥으로 조각된 몇 종류의 용 등이 아울러 발견되었다.

홍산문화 유적지에서 발견된 이러한 유물 유적은 원시씨족 제도에 포함해서 해석할 수 있는 내용이 아니다. 이것은 일찍이 5000년 이전에 이미 상당히 발전된 국가수립 전단계의 사회조직이 이 지역에 존재했음을 보여준다.

그런데 유독 요서의 대릉하 유역 일대에서 이런 유적이 발굴되었다는 것은 바로 홍산문화가 기초가 되어 그 기반 위에서 고조선이 동아시아 최초의 국가로 건국하는 일이 가능하게 되었음을 짐작케 한다. 홍산문화의 제단·여신묘·적석총은 고조선이 기원전 30세기 대릉하 유역에서 건국되었다는 것을 뒷받침하는 가장 유력한 고고학적 증거가 된다고 하겠다.

중국은 여러 문헌에 기초하여 기원전 21세기에 세워진 하나라를 최초의 국가로 본다. 그러나 이를 고고학적으로 고증하는 데

갑골문 은나라 무정(武丁)시기 (기원전 13세기)의 갑골문으로 하남성 안양 은허(殷墟)에서 출토된 것이다

는 실패하고 있다. 하나라의 유적으로 보이는 이리두(二里頭) 문화가 발굴되었다고는 하지만 이것만으로 하의 건국을 입증할 만한 확실한 물증이 되기는 어렵기 때문이다. 따라서 은허(殷墟) 갑골문(甲骨文)의 발굴을 기준으로 하여 중국 최초의 국가는 은나라로부터 시작되었다는 견해를 제시하는 학자도 없지 않다.

그러나 하·은·주 3대라 하여 은나라를 중국 역사의 범주에 포함시키고 있지만 은나라는 서방의 화하족이 아닌 동방의 동이족이 중원에 진출하여 세운 나라이다. 이렇게 본다면 엄격히 말해서 화하족의 건국 역사는 실제 서주에서 비로소 시작된다고 해도 과언이 아니다.

고조선 발상지의 홍산문화는 중국의 하나라가 수립되기 1000년 전에 출현한 문명이다. 요서 홍산문화의 발견은 동이의 고조선 문화가 중원의 황하문명사보다 1000년을 앞선 것을 실물로서 증명한 것이다.

민족 이동 경로로 본 근거

우리 한민족이 과연 어떤 기원을 갖고 있으며 또 어떤 과정을 거쳐서 형성되었는가에 대해 지금까지 역사학을 비롯한 고고학·민속학·인류학 등 여러 인접 학문 분야에서 적지 않은 관심을 기울여 왔다. 그러나 아직까지 만족할만한 이해에 도달했다고 보기는 어렵다.

바이칼 호수 동북방 민족의 요람으로 일컬어진다

먼저 한민족의 기원에 대해 학계는 제 4기 홍적세(洪積世)의 빙하기에 아시아 대륙에 출현한 몽골인종이 바이칼호 근처에 거주하다가 약 1만 년 전 홍적세가 끝나고 충적세(沖積世) 초기 후빙기가 시작되면서 기후가 따뜻해지자 남쪽으로 이동하기 시작해 만주와 한반도 전역에 정착한 것으로 추정하고 있다. 한민족은 북방 몽골계통에 속하며 그 기원은 시베리아의 바이칼호 부근이라는 것이 한국 사학계의 공통적 견해다.

북한에서는 1970년대 초반 평남 덕천군 승리산과 평양시 승호구역 만달리에서 구석기시대 말기 약 1~2만 년 전의 것으로 추정되는 인골을 발굴해 이를 각기 승리산인·만달인이라 명명하였다. 그들은 이 승리산인과 만달인을 '조선 옛 유형 사람'의 선조라고 생각한다. 한국인은 결국 조선 옛 유형 사람을 직접 조상으로 하기 때문에 승리산인·만달인이 한국인의 시원이 된다는 것이다.

따라서 북한은 한민족이 외지에서 유래된 것이 아니라 조국강토에서 독자적으로 형성된 조선 옛 유형 사람들의 핏줄을 고스란히 이어받은 단일민족이라는 점을 강조하고 있다.

다음으로 한민족의 형성과정에 대한 학계의 주장을 살펴보자. 손진태는 한민족이 몽골인종 중에서도 특히 퉁구스족과 가까운 관계라고 하였다.

김정학은 한민족의 구성에는 북방아시아에 먼저 살고 있던 고아시아족 또는 고시베리아족의 요소가 섞여 있을 개연성이 크다고 시사했다.

김정배는 한국 신석기 문화의 주류를 이루는 빗살무늬토기는 시베리아와 연결되는바, 이를 담당한 주인공은 고아시아족이며 단군신화는 바로 곰을 숭배한 고아시아족의 일파가 남긴 이야기라고 하였다. 신석기 말기에 고아시아족은 알타이어를 사용하던 알타이어족 계통의 족속에게 흡수 정복되었는데, 이들이 바로 청동기시대를 대표하는 무문토기를 만들어 쓴 주인공이며 역사서에 보이는 예맥족으로 간주했다.

김원룡은 청동기시대의 주인공인 무문토기인은 다름 아닌 퉁구스족이고 고아시아족과 퉁구스족 사이에는 종족상 큰 차이가 없으며 퉁구스족은 고아시아족의 한 지역종에 불과하다고 하였다. 이들이 바로 예맥족이며 그들이 남한지역에서 남방적 요소를 가미하면서 약간 지방화한 것이 역사서에 보이는 한(韓)족으로 간주했다. 예맥과 한은 같은 종족으로 다만 지역차가 생긴데 불과하다는 것이다. 한민족 형성과정에 대한 한국 학계의 연구결과는 대체로 이상과 같이 정리될 수 있다.

예맥족과 한족이 고조선을 비롯한 부여 · 진국(辰國) 등 많은 국가를 건설하고 뒤에 고구려 · 백제 · 신라 삼국의 건국세력으로 연결되면서 한민족 형성의 직접적 계기가 마련되었다고 보는 것이 우리 학계의 기본 입장이다.

다만 이 예맥 · 한족에 어떤 종족명을 부여할 것인가, 다시 말하면 예맥 · 한족이 알타이족이냐 아니면 퉁구스족이냐 하는 점이 현재 학계의 난제로 대두되어 있다.

그러나 알타이족이든 퉁구스족이든 이들이 한반도의 자생민족이 아니고 시베리아 북쪽 끝으로부터 남쪽으로 따뜻한 기후를 찾아 남하했다고 보는 데는 이론의 여지가 없다.

만일 북한처럼 한민족이 시베리아에서 이동해 온 것이 아니고 한반도에서 자생했다고 주장한다면 대동강 유역의 평양 일대에서 우리 민족이 발원하여 차츰 서북쪽의 송화강 · 요하 등지로 영향력을 확대했다고 해서 하등의 이론상 문제될 것이 없다.

그러나 우리 민족이 예맥족이고 예맥족은 곧 퉁구스족이라고 할 경우 문제는 달라진다. 퉁구스족의 발상지에 대해서는 여러 가지 엇갈린 설이 있지만 현재로서는 바이칼호 부근에서 발생했다는 견해가 가장 유력하다. 따라서 우리 학계에서는 시베리아의 예니세이 강 상류-몽고(알타이)-내몽고-요령(만주)-경기도 연천 전곡리로 이어지는 문화 루트를 가정하고 있는 실정이다.

이상과 같은 루트를 통해서 예맥족이 시베리아로부터 남하했다고 할 경우 먼저 유목과 농경의 교착지대인 요서에 이르러 고조선을 건국한 뒤 차츰 그 세력을 남쪽으로 확장하여 한반도 대동강 유역까지 도달했다고 보는 것이 순리일 것이다.

그렇지 않고 난하 · 요하 · 압록강을 건너서 한반도 대동강 유역에 이르러 비로소 건국하고 다시 역으로 북쪽으로 거슬러 올라가 송화강 · 요하 유역에 진출했다고 보는 것은 논리적으로 모순이 있다.

요서는 바이칼호 부근으로부터 남하하는 직선코스에 해당한다. 그리고 기후는 온난하고 토양은 모래흙이라 경작이 용이하며 지리적으로는 유목과 농경의 교착지대에 처해 있다.

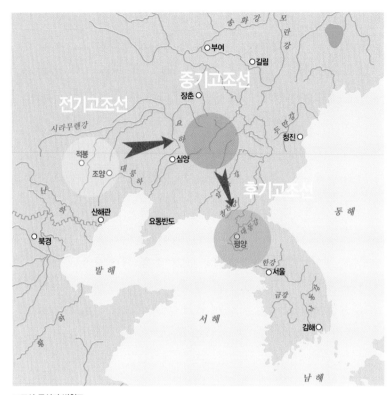

고조선 중심지 변천도

　예맥족은 남하하다가 이런 여러 가지 장점을 지닌 천혜의 요
새인 요서 대릉하 유역을 발견하고 여기서 고조선을 건국했던
것이다. 따라서 민족 이동 경로로 볼 때 고조선의 발상지는 평양
시 대동강 유역이 아닌 요서 대릉하 유역이라고 보는 것이 타당
하다.

지명으로 본 근거

『삼국유사』 고조선 조는 『위서』와 『고기』를 인용하여 고조선의 건국 사실을 전하고 있다. 그런데 『위서』에는 단군이 "아사달(阿斯達)에 도읍을 정하고 개국하여 국호를 조선이라 했다."라고 기록되어 있고 『고기』에는 단군이 "평양성에 도읍을 정하고 비로소 조선이라 칭하였으며 뒤에 다시 백악산 아사달과 장당경으로 천도했다."라고 기재되어 있다.

여기서 우리는 고조선의 첫 도읍지에 대해 『위서』는 '아사달', 『고기』는 '평양성'이라 하여 서로 다르게 기록되어 있는 것을 볼 수 있다. 그렇다면 『위서』에서 말하는 '아사달'과 『고기』에서 말하는 '평양성'은 서로 같은 곳인가 다른 곳인가?

고조선은 2000여 년 동안 존속했던 나라이다. 나라가 오랜 기간 존속하다 보면 수도가 한 군데만 고정되어 있을 수 없고 여러 번에 걸쳐 천도를 하기 마련으로서 개국 당시의 국도 이외에 다른 여러 수도가 존재하는 것은 당연한 일이다.

그러나 단군이 개국할 당시에 정한 고조선의 첫 수도는 둘이 있을 수 없는데, 『위서』에서는 '아사달'이라 하고 『고기』에서는 '평양성'이라 하여 서로 다르게 기록된 이유가 무엇일까?

아사달(阿斯達)은 고조선어 '아사달'의 한자 소리 표기이다. 아사달의 뜻에 대해 여러 가지 구구한 해석이 있으나 '아사'는 우리말 '아침'이고, '달'은 우리말 '산' 또는 '땅'으로서 아사달은 '아침의 산·아침의 땅'이라는 뜻이 담겨 있다.

'아사달'은 아침의 햇살이 밝게 비치는 땅이므로 여기에는 앞에 고산준령이 가로막고 있을 수 없고 시야가 탁 트인 평평한 들판이 드넓게 펼쳐져 있었을 것이다. 따라서 고조선어 '아사달'의 한자음 표기가 아사달이고 한자 뜻 표기가 평양이었다고 본다. 즉 아사달은 순수한 우리말이고 평양성은 아사달에 대한 한자식 표기인 것이다.

도화문자(圖畵文字) 은나라의 갑골문자보다 연대가 훨씬 앞선다 산 위에 아침해가 떠오르는 것을 형상화한 최초의 동이문자이다. 단(旦·朝)자로 해석된다

오늘날 대릉하 유역에서 산해관까지는 평야로 연속되어 있으며 산해관에 이르러서야 비로소 중원과 동북을 가르는 태산준령이 나타난다. 그러므로 요하에서 난하사이 대릉하 유역 일대는 지리적 조건에서 보면 평야로 이루어진 평평한 벌판 그야말로 평양인 것이다.

평양이나 아사달은 본래는 이처럼 보통명사였는데 고조선이 거기에 도읍을 정하면서 고유명사로 탈바꿈하게 된 것으로 보인다. 특히 '아사달'은 아침 해가 선명하게 비치는 양달의 뜻도 되므로 한자로는 조양(朝陽)이나 조선(朝鮮)이 '아사달'에 가까운 번역이 될 것이다.

여기서 우리는 아사달·평양·조양·조선은 표기만 다를 뿐 의미와 내용은 같은 것으로 동일지역에 대한 다른 지명 표기임을 짐작할 수 있다.

　그런데 오늘날 고조선의 첫 수도 아사달을 지칭하는 조양이란 지명을 요서 대릉하 유역에서 찾아볼 수 있다. 전 중국과 한반도를 통틀어 조양이란 지명이 유일하게 대릉하 유역에 존재한다는 사실은 이곳이 바로 고조선의 첫 수도 '아사달'이었다는 사실을 무언으로 입증한다고 해도 과언이 아닐 것이다.

　그리고 『고기』에 단군은 처음에 평양성에 도읍을 정했다가 나

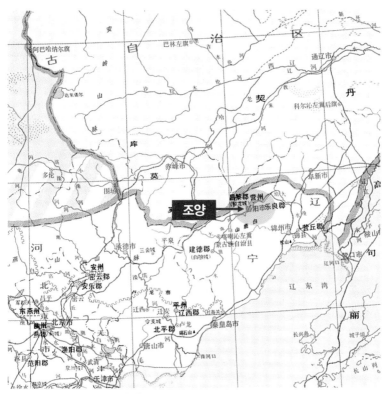

「중국역사지도집」의 남북조시대 동위 지도

중에 백악산(白岳山) 아사달로 옮겼다고 하였다. 여기서 평양성과 백악산 아사달은 서로 다른 지명임을 알 수 있다.

백악은 '밝달' 의 한자식 표기라고 본다. 중국의 역사서인 『일주서』『좌전』『사기』『한서』 등에 전하는 '부루 · 불 · 발 · 박' 은 우리 조상들을 가리키는 명칭이며 『관자』 「경중갑편」에서 '발조선(發朝鮮)' 이라고 한 것은 고조선을 세운 주민이 '발족' 즉 '밝달족' 임을 말해주는 뚜렷한 증거가 된다.

고조선을 건국한 단군은 원래 '박달임금' 인데 후세에 한자로 옮겨 쓰면서 박달나무 단자를 써서 '단군(檀君)' 이라고 하였다. 먼 옛날 아침 해가 선명한 동방에 살면서 하늘의 태양을 숭배하였던 우리 민족은 태양을 상징하는 불(發)(발 · 밝 · 박)을 종족 이름으로 삼았다.

그 후 자신들이 살던 고장을 가리키는 산의 옛 우리말 '달' 을 덧붙여 종족명을 박달족이라 하기도 하였다. 이후 불(발 · 밝 · 박) · 박달(배달)이란 명칭은 우리 민족을 통칭하는 이름으로 쓰이게 되었다.

이 박달민족이 모여서 세운 나라가 발조선이고 그 첫 수도가 아침의 땅 아사달인 것이다. 그런데 박달임금은 처음에 아침 해가 선명하게 빛나는 평평한 들판에 자리한 평양 아사달에 도읍을 정했다가 나중에 다시 백악산 아사달 즉 밝달산 밑 아사달로 도읍을 옮겼던 것이다. 그렇다면 '밝달산' 은 과연 어디인가.

요서 대릉하 유역에서 서북쪽으로 그리 멀지 않은 곳에 적봉이라는 지명이 있다. 지금은 내몽고 적봉시(赤峯市)가 되어 있는 이곳 가까이에는 또 홍산(紅山)이 있다.

적봉과 홍산은 우리말 '밝달'·'밝산'의 한자식 표기가 아니고 무엇인가. 내몽고 적봉시 부근에 위치해 있는 홍산은 병풍처럼 둘러쳐진 산 전체가 단풍잎을 연상케 하는 붉은 화강암으로 조성되어 그 풍경이 가히 천하의 장관이다.

이 홍산에는 특히 단군 관련 전설이 어려 있다. 단군이 기마대를 훈련시키느라 말 발굽에 짙푸르던 산의 흙이 다 패여 붉은 산으로 변해 버렸다고 한다.[5] 이같은 단군의 전설이 담긴 홍산이요서 적봉시 부근에 있다는 것은 이곳이 고조선의 발상지였을 가능성을 강하게 암시해 준다.

그리고『열하지』56권 대릉하 조에 "백랑수는 지금의 대릉하이다.(白狼水卽今大凌河)"라고 기록되어 있다. 이로써 현재 대릉하의 옛 이름이 백랑수였음을 알 수 있다. 또 백랑수 부근에는 백랑산이 있다.

대릉하는 능원현 부근의 백랑산에서 발원하여 동북으로 흐르고 조양시 남쪽을 지나 다시 동북으로 흐른다. 이어 북표시의 동쪽에서 다시 동남쪽으로 흐르다가 의현 동쪽에 이르러 금주시 동쪽으로 흐르며 거기서 남쪽으로 흐르다가 다시 동남쪽으로 흘러 바다로 들어간다.

중국인들은 통상 우리 민족과 관련된 지명을, 글자를 고치거나 다른 지명으로 바꿔 원래의 지명을 없애버린 경우가 허다하다. 그런 점으로 미루어 백랑의 원래 이름은 백악·백산이었는데 백산을 백랑산으로 변경시켰을 가능성도 배제할 수 없다.

오늘날 백악이란 이름은 사라졌지만 백랑산이란 지명에서 백산의 흔적을 찾아볼 수 있는 것이다. 적봉과 홍산은 우리말 '밝달'·'밝산'의 한자 표기가 확실하고 백랑산은 백악·백산의 변형일 확률이 높다고 할 때 그 역시 '밝달'·'밝산'이었을 가능성이 있다.

고조선의 민족은 밝달족이고 고조선의 첫 수도는 아사달이었다. 그런데 아사달을 의미하는 조양, 밝달을 의미하는 홍산·적봉·백랑산 이런 지명들이 오늘의 대릉하 유역에서 고스란히 전해지고 있다. '밝달'과 '아사달'의 흔적이 조양·적봉·홍산·백랑산 등의 지명에서 그대로 묻어나는 것이다.

전 중국과 한반도를 통틀어 '밝달'과 '아사달'의 흔적을 이처럼 집중적으로 보여주는 곳은 오직 요서 대릉하 유역뿐이다. 이것은 요서 대릉하 유역이 고조선의 발상지였다는 사실을 증명하는 또 하나의 근거가 되기에 충분하다고 하겠다.

[주] 1) 『大淸一統志』「錦州府 2」, "險瀆舊城 在廣寧縣東南 漢縣屬遼東郡"

2) 『중국역사지도집』, 제 8책, 중국사회과학원편, 1987. p10~11참조.

3) 『한서』「지리지 하」, 요동군 험독현 조 주석, "應劭曰 朝鮮王滿都也"

4) 『한서』「지리지 하」, 요동군 험독현 안사고 주석, "應劭曰 朝鮮王滿都也 依水險故曰
險瀆 臣瓚曰 王險城 在樂浪郡浿水之東 此自是險瀆也 師古曰 瓚說 是也"

5) 강인숙, '단군의 출생지에 대하여', 『단군과 고조선』, 살림터, 1999. p282~292 참조.

9

요하 문명권과 그 주역 한민족

1. 대륙 동북지역이 점한 유리한 지리적 조건

본래 동이족의 활동 무대는 동방의 산동성, 동북방의 하북·
요령·길림·흑룡강성, 동남방의 강소·절강성까지를 포괄하는
광대한 지역에 걸쳐 있었다. 그런데 진시황의 통일천하를 계기
로 동방에 거주하던 우이(嵎夷)·내이(萊夷)와 동남방에 거주하던
회이(淮夷)·서이(徐夷) 등이 중국에 동화되거나 동북으로 이동하
는 바람에 동이족의 활동 무대는 이때부터 동북지역으로 축소되

었다.

중화민국시기에는
하북성의 동북부 열하
(熱河)지구에 열하성을
설치하여 이를 또한 동
북지역에 포함시키기
도 하였는데 현재 열하
지역은 다시 하북성에
편입되고 동북에 소속
되지 않는다. 동북의
토착민족은 조선(朝
鮮)·숙신(肅愼)·산융
(山戎)·동호(東胡)·부

동이족 분포도

여(扶餘)·고구려(高句麗)·백제(百濟)·선비(鮮卑)·거란(契丹)·여
진(女眞)·만족(滿族) 등을 들 수 있다.

역사상의 동북은 동이족, 특히 우리 한민족의 주요 근거지요
활동 무대였다. 우리 민족이 활동하던 과거의 동북은 내몽고 동
부, 하북성 동북부와 요령·길림·흑룡강 3성과 그 인근의 후룬
베이얼멍(呼倫貝爾盟)·저리무멍(哲里木盟)·쪼우다멍(昭烏達盟) 등
이 모두 동북 범위에 속했다. 그러나 오늘날의 동북은 동북 삼성
에 국한된다. 동북 삼성을 중심으로 그 면적·환경·특징 등을
살펴보자.

동북 삼성(東北三省)의 면적

　요령성의 전체 면적은 15만여 평방킬로미터이다. 길림성의 총 면적은 18만 여 평방킬로미터로 요령성보다 약간 크다. 흑룡강성의 면적은 46만 평방킬로미터에 달한다. 요령·길림 두 성을 합친 것보다도 10여만 평방킬로미터나 더 크다. 3성을 합친 총 면적은 79만여 평방킬로미터이다.

　19세기, 50년대에서 20세기 초까지 흑룡강 이북 오소리강 동쪽의 동북 영토 100여만 평방킬로미터를 소련이 점령했다. 현재의 동북 영토는 예전에 비해서 절반 이상 축소되었다. 다시 말하면 소련이 동북 영토를 현재의 동북 3성을 합친 것보다 더 많은 부분을 점령하였다. 이것은 마치 또 하나의 동북을 상실한 것과 같다.

동북의 지리 환경

　동북의 지리 환경은 산과 물이 서로 관통하여 혼연일체가 되어 있다. 3면이 산과 바다로 둘러싸여 있고 중간은 남북을 관통하는 대평원이 자리한 것이 특징이다. 3성의 서부, 특히 길림성 아래쪽에서부터 요령성에 이르기까지는 또 내몽고의 초원과 서로 연결되어 지세가 더욱 광활하다.

　이런 이유로 산림·초원에 모여 사는 어렵 또는 유목 민족들

요하 동아시아 문명의 탄생에서 그 모체 역할을 담당하였다.

이 중간지대의 평원과 농경지를 향해 각축을 벌이게 되었다. 흑룡강으로부터 남쪽으로 내려가 혹은 몽고 초원을 경유하고 혹은 동북 대평원을 경유하여 요하 서쪽에 진입하고, 산해관의 관통 도로에 이르러 화북에 진입하면 어떤 지방으로라도 갈 수 있다. 동부의 남단은 바다에 이르러 산동 지방과 직통한다.

동북의 전체 지세는 개방의 형태를 띠고 있다. 관내와 긴밀하게 연결되어 마치 손가락이 서로 연결되어 있는 것과 같다. 동북 전지역의 내부 지세를 말하면 남에서 북으로 가든 동에서 서로 가든 산천이 단절되는 현상은 거의 없다. 특히 동북 대평원은 전혀 가로막힘이 없다. 비록 행정 구역상의 차별은 있지만 지형상으로는 동일체이다.

지리상으로 볼 때 닫힌 형이 아니고 열린형이다. 이 점이 바로 각 민족이 자유롭게 출입하고 경제와 문화 교류를 전개하는데 최대의 편의를 제공했다. 경제와 문화상에서 공동체의 형성을 촉진시켰다.

열악한 지리 환경은 한 지역의 사회 발전에 강대한 제약 요소로 작용한다. 서남지구의 지리 조건을 통해서 그러한 사실을 확인할 수 있다. 광서·운남 ·귀주 및 사천 남부는 지리적으로 서남쪽에 위치해 있다. 여기에는 험준한 산들이 줄지어 늘어서 있고 무수한 험악한 강물들이 이들 험산 준령과 교착되어 있다. 여기에 모여 사는 각 민족 주민들은 험산 악수에 가로막혀 상호간 일체 왕래가 두절되고 또한 외부 세계와의 연결도 봉쇄된다.

이것이 바로 역사적으로 동북의 민족은 부단히 남하하여 중원에서 세력을 떨친 반면, 서남지역의 민족은 중원이나 북방에 진출한 사례가 드문 원인이다.

중국 역사상에서 조선·숙신·동호·흉노·부여·선비·몽고·거란·여진·만주족 등의 민족은 모두 동북지역에서 일어났다. 이들은 한걸음에 내달려 황하 유역으로 진입하였으며 혹은 여세를 몰아 전국을 영유하기도 하였다. 그것은 이 지역의 지리적으로 유리한 조건의 도움을 빌린 것이 하나의 중요한 이유이다.

서북지역은 중원과의 거리가 멀고 또한 사막지대가 가로막고 있다. 따라서 일정한 정도에서 내륙과의 연결에 방해를 받는다. 그러므로 그 지역의 문화는 단조로운 유목민족의 문화로 중원의 한족문화와의 연결과 융합에 있어서 동북지역에 훨씬 미치지 못한다.

관내와의 문화 격차가 크며 중원에 들어와 주인노릇 하기가 어려웠다. 당항인(黨項人)은 단지 감숙지구에 진출하는데 그쳤고, 흉노·강족(羌族) 등 민족은 황하 유역에 진입하였으나 잠시 동안 존재하다가 소멸했다. 그리고 돌궐인(突厥人)은 일찍이 서북방에서 위세를 떨쳤으나 내지에 뿌리를 내리기가 어려웠는데 그 원인을 추구해 보면 지리 환경의 제약이 그들로 하여금 중원과 융합해 일체가 되도록 하지 못한 면이 있다.

동북의 경제 문화적 특징

동북지역은 수천 년 동안 농경·목축·어업 등 3종의 경제 형태가 병존했다. 어떤 지역은 농경은 가능하지만 목축은 불가능하고 또 목축은 가능하지만 어업은 불가능한 경우가 허다하다. 그러나 동북지역은 농경·목축·어업이 동시에 가능하다는 것이 이 지역 경제·문화의 특징이고 장점이다.

동북지역에서 시종 주도적 지위를 점한 경제 형태는 농업이다. 농업은 지금까지 이미 6, 7천 년의 역사가 지속되고 있다. 대략 4000년 전에 농업이 장족의 발전을 가져왔는데 요하 양안이 가장 발달하여 선도적 지위를 점하였다. 이것은 기후가 적합하여 작물의 생장 조건이 유리한 것에 원인이 있다.

어업의 역사는 농업의 역사보다 더욱 유구하다. 산간총림과 강·하·호(湖)·박(泊)이 모두 어렵의 대상지역이다. 가령 장백산 구역과 대흥안령·소흥안령·흑룡강 양안 오소리강 유역 등이 모두가 어렵 민족들이 서식 거주하던 장소인 것이다.

목축은 동북에서 광범위하게 분포되었고 또한 매우 발달했다. 말·소·양·돼지 등이 동북 전 지역에 매우 보편적으로 있었는데 그 중에 말을 키우는 것이 가장 중요했다.

흑룡강 대흥안령 남북에서 길림성의 서부·서북부, 그리고 요령성의 서부 오늘의 내몽고 동부에 이르기까지가 하나의 광활하고 막힘없는 초원지대를 형성했는데 이곳이 주요한 목축구역이다.

선진(先秦)시대의 조선 · 동호로부터 진한시대의 오환(烏桓), 위진시대의 선비, 당송시대의 거란 · 실위(室韋), 원나라시대의 몽고족에 이르기까지 오랜 세기 이래 서로 계속하여 대초원의 주인이 되었다.

평원과 광야는 농경의 조건을 제공하고 강과 호수는 사람들의 고기잡이를 위해 좋은 장소를 제공하고 대초원은 목양과 생축의 천연목장이다. 총림과 산림은 동물을 수렵하는 광활한 천지이다.

동북의 산수는 산은 높지만 험준하지 않고 물은 깊되 험악하지 않으며, 겨울에는 결빙되어 평탄한 도로를 이룬다.

이로 인해서 각 민족의 활동은 매우 활발했다. 서로 옮겨오고 옮겨갔으며 한 지역에서 대대로 눌러 살면서 이동하지 않는 경우는 드물었다. 따라서 경제와 정치, 문화의 끊임없는 변혁을 가져왔다.

이것은 서남지구의 여러 민족들이 이동하지 않고 대대로 한 지역에 눌러 살면서 생산방식이 장구적으로 원시적인 상태에 정체되어 있었던 것과는 선명한 대조를 이룬다.

지리 환경은 역사발전에 매우 중요한 영향을 미친다. 따라서 동북지역은 중국에서 역사발전이 가장 비약적이고 변혁 또한 가장 현저했던 지역이다.

2. 구석기시대의 요하 유역

요령 영구현 대석교진(大石橋鎭)에서 남쪽으로 16리쯤 가면 영안향(永安鄕) 서전둔(西田屯)이 있다. 거기서 서쪽으로 보이는 산을 금우산(金牛山)이라 한다. 이 산의 동남쪽에 있는 동굴 안에서 한 구의 보존 상태가 비교적 양호한 고인류 화석(化石)을 발견했다. 연구 보고서에 따르면 출토된 유해는 두골(하함골下頷骨만 결여됨)·척추골(脊椎骨)·늑골(肋骨)·좌측척골(左側尺骨)·완골(腕骨)·장골(掌骨)·지골(指骨)·관골(髖骨)·지골(趾骨)·빈골(髕骨)·척골(蹠骨) 등 모두 50여 조각으로 되어 있다.

이 유해는 연결시켜 감정을 거친 결과 지금으로부터 28만 년 전 성년 남성의 유해로 판명되었다. 고고학계에서는 이를 '금우산인(金牛山人)'이라 명명하였다. 금우산 유적은 구석기시대 초기 유적에 속한다.

금우산의 동굴은 규모는 비록 작지만 동북지역 인류사와 자연계 변천사를 한눈에 보여주는 문화의 보고이다. 금우산 동굴에서 출토된 고인류 화석은 지금까지 요령성, 나아가 동북 삼성에서 발견된 것 중 가장 완전하고 가장 오래된 인류화석이다.

요령성에는 '금우산인' 유적 외에도 묘후산인(廟后山人)·합자동인(鴿子洞人) 등 구석기시대 초기·중기·말기 유적이 두루 분포되어 있다. 우리가 주목할 것은 이러한 유적들이 모두 동북 남부 근해 지역, 주요하게는 요하의 주변이나 또는 그 지류에 있다는 점이다.

구체적으로 말하면 금우산인은 발해의 해변, 요하가 바다로 들어가는 곳에 있고 합자동인은 대릉하 유역에 있어 요하에 속한다. 묘후산인은 태자하(太子河) 유역에 있는데 태자하 또한 요하에 주입되어 바다로 들어간다.

사실 요하는 천연적으로 훌륭한 지리적 조건을 갖추고 있다. 수원이 풍족하고 기후는 사람 살기에 적합하며, 산물은 풍부하여 우리의 조상들이 거기서 대를 이어 살아나갈 수 있도록 했다.

특히 요하 유역 상류는 남북·동서 문화의 교류가 집중되는 지역에 위치해 있다. 따라서 요하 유역의 문화가 솔선적으로 발전할 수 있도록 촉진하였고 후대의 요서 우하량(牛河梁) 홍산문화(紅山文化)가 찬란한 서광을 발산하게 하였다.

요하는 한줄기 생명의 강이고 인류의 문명을 잉태시킨 거룩한 강이다. 동아시아 발전사를 통해서 볼 때 요하는 황하·장강과 함께 동아시아 민족 문화를 탄생시키고 발육시킨 모체의 하나이다.

우리들의 두뇌 속에는 "중원은 선진이요, 동북은 낙후하다."는 고정관념이 박혀 있다. 그러나 동북의 동이 구석기문화와 화북의 화하 구석기문화는 평행 발전된 두 개의 원시문화이다. 오히려 "동북의 요하 문명이 선진이요, 중원의 황하 문명이 후진이다."라는 정반대의 현상이 고고유물을 통해서 차츰 확인되어지고 있다.

3. 신석기시대의 요하 유역

인류는 신석기시대에서 청동기시대로, 청동기시대에서 철기시대로 문명의 발걸음을 옮겨왔다. 대략 지금으로부터 1만 년 전에 신석기시대가 시작되고 4500년 전에 청동기시대가 그리고 3000년 전에 철기시대가 시작되었다. 1만 년 문명사에서 신석기시대가 5000년 이상을 차지하여, 청동기시대와 철기시대를 합친 것보다 더 길다.

요하 유역의 사해문화(査海文化)는 동북지역에서 구석기시대를 마감하고 신석기시대를 열었다. 신석기문화는 초기·중기·말기 세 시기로 나뉘는데 사해문화는 8000년 전으로 초기에 속한다.

요서의 흥륭와(興隆洼) 유적은 현재의 내몽고 적봉시(赤峰市) 오한기(敖漢旗) 보국토향(寶國吐鄕) 흥륭와촌(興隆洼村) 동쪽의 구릉에 위치해 있는데 지금으로부터 7000년 전의 유적이다. 풍부한 문화 유적이 출토되고 또 매우 선명한 특징을 갖추었으므로 고고학계에서 '흥륭와문화(興隆洼文化)'라고 이름 붙였다.

사해문화나 흥륭와문화는 시기적으로 홍산문화보다 선행된 문화이고 또 홍산문화의 획기적인 발전을 위해 많은 소재를 제공했기 때문에 고고학계에서는 이 양자를 묶어 '전홍산문화(前紅山文化)'라고 한다.

흥륭와문화의 특징은 경제생활면에서 반영된다. 현재 35좌

(座)의 방지(房地)를 발굴했는데 배열이 밀집하고 밖으로는 도랑이 주위를 둘러싸고 있어 완전한 취락지의 면모를 드러내고 있다.

집의 구조는 대체로 장방형의 반지하식 건축으로 순토질 층에 세워졌다. 땅에 구멍을 팠으며 깊이는 일정하지 않고 1미터 내외이다. 구멍 안에 기둥자국이 있는데 이는 나무기둥을 세워 방의 정상부위를 지탱했음을 말해 준다. 문이 따로 나 있지 않은 것으로 미루어 가옥 정상 부위에 구멍을 내고 나무 사다리를 타고 그곳으로 출입했던 것이 아닌가 여겨진다.

사해의 가옥 구조는 흥륭와의 가옥 구조와 다르다. 그들의 주거생활은 혈거(穴居), 즉 바위 밑을 뚫고 들어가 사는 방식이었다. 거주지의 선택과 건축방식에서 흥륭와는 사해에 비해 한 걸음 앞선 편이다.

흥륭와는 도기 제작 방면에서도 자신의 선명한 특징을 보인다. 사해는 '지(之)'자 문양이 많은데 비해 흥륭와는 마점문(麻点紋)이 많다. 흥륭와에도 용문양 도기가 있는데 용의 형상이 사해에 비해 훨씬 더 구체적이고 생동감이 있다.

중원에서는 아직 용이 나타나지도 않았을 때 요서의 사해와 흥륭와에서는 이미 용을 상상하고 또 그것을 설계해 냈다. 여기서 중국의 용이 중원의 한족이 아닌 동부의 동이족에서 기원했다는 사실이 다시 한번 증명이 되는 셈이다.

흥륭와문화는 시라무렌허(西拉木倫河)·라오하허(老哈河)·오우라이허(敖來河)와 대릉하(大凌河)의 지류인 망뉴허(牤牛河) 연안을 포괄하는 서요하 유역에 분포되어 있다. 오늘날의 요령 서부와 내몽고가 교차하는 지역에 해당한다. 또한 지금의 길림성 서부 내몽고 저리무멍(哲里木盟) 지역에도 모두 흥륭와문화 현상이 있다.

요동반도의 신석기시대 문화 유적은 심양 신락(新樂) 유적을 첫 손에 꼽을 수 있다. 심양 신락 유적은 심양 북쪽 교외 신락 전기회사 기숙사 구내에서 발견되었기 때문에 '신락문화'라 한다.

신락문화는 모두 두 층이 있는데 상층은 청동기, 하층은 신석기시대에 속한다. 하층의 연대는 지금으로부터 7000년 전으로 요서의 흥륭와문화와 같은 시기에 해당한다. 요서 사해문화보다 약간 시기가 뒤지긴 하지만 요동반도에서는 가장 오래된 유적이다

1973년도에 첫 발굴을 시작하여 지금까지 방지(房地) 30여 곳을 발굴했고 각종 유물 3000여 점이 출토되었다. 그런데 여기서 출토된 유물 가운데 일찍이 다른 지역에서는 출토된 적이 없는 진귀한 유물 하나가 발견되었다. 그것은 봉형목(棒形

심양의 신락문화 유적지에 세워진 박물관

木)에 새 형상을 조각한 것이다. 이 새가 어떤 새인지 명확히 알 수는 없으나 새의 형상인 것은 분명하다.

이 조각이 지닌 새의 형상은 무엇을 의미하는 것일까? 7000년 전에 신락인들이 나무에 새를 조각한 목적은 무엇이며 또 이것의 용도는 무엇일까? 이는 당시 신락인들의 토템과 관련이 있는 유물이라고 본다.

1990년대 필자가 신락 유지를 방문했을 때 신락박물관이 이미 건립되어 그 안에 나무로 조각된 이 새가 보관되어 있는 것을 볼 수 있었다. 그 정교한 조각 솜씨는 7000년이 지난 지금에도 그것이 새라는 것을 한눈에 알아볼 수 있었다.

요동의 신락인들은 하늘의 태양을 숭배하는 민족이었고 새는 하늘과 땅을 오가면서 하늘을 사람과 연결시킨다고 믿어 새를 토템으로 하였으며, 따라서 새를 조각하여 숭배의 대상으로 삼았던 것이라고 하겠다.

고대 동이족의 활동 무대인 산동성 성산두에 세워진 삼족오상

『자휘보(字彙補)』라는 책에 따르면 일(日)의 주문(籀文)은 烏 라고 기록되어 있다. 구(口)안에 오(烏)가 들어 있는 鳥 가 고대의 날일(日)자였다. 왜 태양을 가리키는 날일 자를 鳥 로 썼을까. 옛날 동방 사람들은 태양에 삼족오(三足鳥)가 있다고 믿

었고 따라서 태양숭배의 연장선상에서 새를 숭배하였다.

그들에게 삼족오는 태양이고 태양은 삼족오라는 등식이
성립되어 있었다고 본다. 이 목조의 새 조각 작품은 고구려
고분 벽화에 보이는 삼족오와 맥을 같이 한다는 점에서 신락인
들은 고구려 민족과 같은 조이(鳥夷)의 후예였음을 증명하는
근거가 된다.

이 밖에 요동반도의 신석기시대 문화 유적은 요령 장해
(長海) 소주산(小珠山) 유적이 있다. 장해현(長海縣) 광록도(廣
鹿島) 오가촌(吳家村) 소주산의 동쪽 언덕에 위치한 이 문
화 유적은 퇴적층이 매우 두꺼워서 명확하게 3개층으로
구별된다. 하층은 지금으로부터 6000년 전이고 중층과
상층은 연대가 각각 5000년, 4000년 좌우가 된다.

중국 동북지역 요하 유역의 신석기문화는 같은 시기
중원지역의 문화와 비교할 때 보조를 같이했거나 어떤 면에
서는 오히려 더 선도적인 위치를 차지했다.

백제 금동향로 부여의 능산리 절터
에서 발견되었다 백제 문화의 꽃이
라할 이 향로의 맨 꼭대기 위에는 한
마리 새가 조각되어 있다 이는 백제
도 새를 토템으로 하던 조이의 후예
였음을 입증한다.

4. 청동기시대의 요하 유역

중국 역사상의 하·상(夏商)시대에 요하 유역에는 이미 청동문명 사회에 진입한 부족집단이 거주하고 있었다. 그 문화유적은 1960년, 적봉시(赤峰市) 하가점(夏家店) 유적의 하층을 발굴할 때 처음 확인되었다. 그래서 고고학계에서는 이 유적을 '하가점하층문화(夏家店下層文化)'라고 말한다.[1]

하가점하층문화는 중국 동북방의 청동기시대 초기 문화이다. 그 분포 범위를 살펴보면 내몽고·요령·하북 3성의 접경지대와 북경·천진을 포괄하는 지역이다. 북쪽은 시라무렌허, 남쪽은 영정하(永定河)를 경계로 삼았으며 중심은 연산 북측이다.

하가점하층문화가 보여주는 특징은 촌락이 하곡(河谷) 지대에 밀집되어 있으며, 토석축(土石築)의 '성보(城堡)'를 형성하여 거의 모두 방어시설을 갖추고 있다는 사실이다. 이러한 '성보'가 요령성 객나현(喀喇縣)에서만 무려 300여 곳이 발견되었다.

동시에 교통의 요충지에는 반드시 관문을 설치하였는데 국가의 규모가 있어야지만 이런 조건을 갖출 수 있다. 방위시설을 통해서 볼 때 이는 결코 단순히 성방식(城邦式)의 초기 국가가 아닌한 지역을 재패한 '방국(方國)'이었다고 짐작된다.

이 나라는 일찍이, 한때 극도의 융성기를 누린 동방의 고조선 국가가 확실하며 당시 중원의 하(夏) 왕국과 필적할 만한 거대한 나라였다. 그러므로 4000여 년 전에 요하 유역의 사회 발전이

이미 고국(古國) 단계를 벗어나 성숙한 방국시대에 진입했다는
사실을 말할 수 있다.

요하

5. 요하 문명권과 그 주역 한민족

　대륙의 동북지역은 다른 지역에 비해 상대적으로 유리한 경제 문화적 조건을 갖추고 있다. 유리한 자연조건을 배경으로 하고 있는 동북지역은 그 젖줄이라 할 요하 유역 일대에서 구석기 · 신석기 · 청동기시대를 거치면서 동아시아의 문명을 창조하고 선도하는 역할을 담당하였다.

　요하문명은 요하와 난하 사이 대릉하 유역을 중심축으로 하여 전개되었다. 따라서 이 일대를 중심으로 전개된 문명의 범주를 요하 문명권이라 말할 수 있다.

　좀더 구체적으로 말하면 요하문명의 내용은 구석기시대의 '금우산인 유적', 신석기시대의 사해 · 흥륭와문화, 우하량 홍산문화, 요동의 신락문화, 장해 소주산문화, 청동기시대의 하가점하층문화로 요약된다.

　요하문명의 분포 범위는 요하 유역을 중심으로 내몽고 · 동북 3성과 한반도, 연산 남북의 북경 · 천진, 하북의 장가구(張家口) · 당산(唐山) · 승덕시(承德市) 일대가 모두 이 범주 안에 든다.

　그리고 요하 문명권의 건설에 참여한 부족들로는 산융 · 고죽 · 영지 · 도하 · 예 · 맥 · 동호 · 숙신 · 거란 · 여진 등을 들 수 있다. 이들은 많게 혹은 적게 직접 또는 간접으로 요하 문명권 건설에 참여했다.

　우리는 그동안 황하 유역을 동양문명의 요람으로 인식해 왔다. 동아시아 문명은 곧 황하문명으로 상징되다시피 하였다. 그러나 동아시아 문명의 서광은 중원의 황하 유역이 아닌 산해관 밖 요하 유역의 홍산문화에서 발견되었다.

7000년, 8000년 전의 사해·흥륭와문화는 삼황오제 전설의 실물증거이고, 5000년 전의 요서 우하량 왕국은 동양에서 최초로 발굴된 국가의 기본 형태를 갖춘 유적이다.

황하 유역을 중심으로 화하족의 앙소문화가 열매를 맺은 반면, 요하 유역을 중심으로 동이족의 홍산문화가 꽃을 피웠다. 오늘날 많은 사람들이 황하문명이 동아시아를 대표하는 것으로 인식하고 있지만 사실은 황하문명의 뿌리에 요하문명이 자리하고 있었다. 요하문명이 황하문명을 선도한 선진문명이었으며 요하문명이 황하문명을 낳은 모체인 것이다.

통상적으로 중국은 바빌론·애굽·인도와 함께 5000년 역사를 지닌 문명고국이라고 말한다. 그러나 역사 편년을 살펴보면 중국은 실제로 상·주 이후 4000년 문명사의 고고학적 증명이 가능할 뿐이다. 고고학의 발달을 통해서 우리는 고대 동이민족이 중국 대륙의 동북방에서 창조한 역사에 대해 새로운 인식을 갖게 되었다.

문화의 연원·특징·발전방향 등에 고고학이 심도 있는 탐색을 시도함으로써 과거 중원문화를 과분하게 과장하고 동이문화를 일방적으로 폄하하던 편견이 차츰 시정되었다.

요하는 옛 이름이 요수(遼水)이다. 대요수(大遼水)라고도 하고 또 구려하(句麗河)·구류하(枸柳河)·거류하(巨流河)라고도 했다. 동쪽에서 발원한 것을 동요하(東遼河), 서쪽에서 발원한 것을 서요하(西遼河)라 하며 동요하와 서요하가 요원현(遼原縣)에 이르러 합쳐지는데 이를 요하(遼河)라 부른다.

요하는 남쪽으로 흘러 시하(柴河)·태자하(太子河)·혼하(渾河)를 끼고 철령(鐵嶺)·신민(新民)·심양(瀋陽)·해성(海城) 등의 현을 지나 우장(牛莊)을 거쳐서 영구(營口)에 이르러 서남쪽으로 바다에 들어간다. 요하는 요령성 서부를 종으로 관통하여 흐른다. 오늘날 요령성이라는 명칭도 이 강물로 인해서 붙여진 이름이다.

요하 유역은 구석기시대로부터 신석기시대·청동기시대까지 줄곧 동이민족 특히, 예맥민족의 주요 활동 무대였다. 한족 전성기인 한나라때 잠시 중국의 서방 세력이 이 지역에 영향력을 행사한 적이 있으나 그 이후 곧바로 동이민족의 주요 활동 근거지로 바뀌었다.

남북조의 진(晉)시대에 요동은 고구려가 차지하고 요서는 백제가 차지하였다. 당나라가 고구려를 멸망시키고 그 지역에 요주(遼州)를 설치했으나 곧바로 폐지되고 발해(渤海)의 영역이 되었다. 오대(五代)와 송(宋)나라때는 거란과 요나라·금나라 땅이 되었고 뒤에는 다시 여진과 몽고의 영토가 되었다.

청나라 초기에는 다시 성경(盛京)으로 명칭이 바뀌어 수도가 되기도 하였다. 요하 유역은 동이민족이 나서 자라고 동이문화가 형성 발전된 동이민족의 요람인 것이다.

요하 유역의 요하문명은 이 지역에 둥지를 틀고 수천 년 동안 대를 이어 토착민으로 살아온 동이민족이 공동으로 창조 발전시킨 것이며, 어느 한 민족의 독자적 산물이 아니다.

그러나 요하문명의 건설에 참여한 여러 동이민족 중에서 굳이 그것을 창조한 주역을 논한다면 우리는 한민족을 들 수 있다고 본다. 그렇다면 요하문명을 창조한 주역 한민족은 과연 누구인가?

6. 한민족은 누구인가

한민족이 누구인가를 알기 위해서는 한민족의 형성에 참여한 종족 또는 민족이 누구인가를 살피면 될 것이다. 『상서(尙書)』 「주관(周官)편」 공씨전(孔氏傳)에 서주시대 해동의 동이족들을 설명하면서 구려(句麗)·부여(夫餘)·한(馯=韓)·맥(貊)을 들고 있다.[2] 구려는 부여의 별종이고 부여는 예의 후예임을 감안한다면 한·맥·예가 서주 당시 동이를 대표하는 민족임을 알 수 있다.

『춘추좌전(春秋左傳)』에 서주 초의 북방 영토를 '숙신·연(燕)·박(亳)'으로 표현한 내용이 나온다. 여기서 박(亳)은 '밝'으로 맥(貊)의 다른 표기로 보는 것이 자연스럽다. 이때 연나라의 수도는 북경 남쪽에 있었다. 이것은 적어도 주초의 맥(貊)은 연산 산맥 부근에서 활동한 사실을 말해 준다.

주선왕(周宣王) 때의 기록인 『시경』 「한혁편」에 연나라 북쪽 지금 북경 부근에 위치한 예맥족의 나라 고한국은 동북아의 패자였다는 기록이 나온다.[3]

하북성의 문안(文安)·대성(大城)·임구(任丘) 일대에 예수(濊水)·예구(濊口)·예읍(濊邑) 등의 고지명에서 확인되는 바와 같이 예(濊)는 진한 이전 중국의 하북지방에서 활동하던 민족이었다.

한(漢)나라 초기 기병을 보내 한을 도운 북맥(北貊)[4]도 화북(華北)에서 그리 멀지 않은 곳에 있던 집단이다. 이것은 진·한 이전 예·맥·한의 주요 활동 무대가 하북의 북부까지를 포괄했던 사실을 말해 준다. 그러나 진·한 이후 예·맥·한의 세력과 활동범위는 크게 바뀐다.

『삼국지』 「동이전」에 보이는 동이족은 다음과 같다. '부여·구려·동옥저·읍루·예·한·진한·변한·왜인' 『삼국지』에 나오는 동이는 진한·변한 등 삼한이 등장하는 것을 볼 수 있는데, 이는 연나라 부근에 있던 고대한국이 연에 의해 멸망한 후 그 유민이 나뉘어 삼한을 설립한 것으로 보인다.

'부여국·읍루·고구려·동옥저·북옥저·예·한·왜' 이는 『후한서』 「동이열전」에 실려 있는 동이족으로 『삼국지』에 비해 북옥저가 추가된 것을 알 수 있다.

남북조시대 이후의 기록에 부여의 존재는 확인되지 않는다. 그리고 『송서(宋書)』에 백제가 처음으로 등장하고 『양서(梁書)』에는 고구려·백제·신라가 나란히 나온다.

『수서』 「동이전」에는 고구려·백제·신라와 함께 말갈(靺鞨)이 새롭게 등장하는데 이는 숙신족의 다른 이름이고 『당서』에는 거란·말갈과 함께 발해가 보인다. 발해는 고구려가 멸망한 뒤 그 유민이 세운 나라이다.

읍루·물길·말갈은 숙신이 시대에 따라 달리 불려진 이름이고, 숙신은 조선의 다른 한자 표기이며, 거란은 동호의 후예이고, 동호는 조선과 동일계통 민족이며, 발해는 고구려가 멸망한 후 그 유민이 세운 나라라는 점을 감안한다면 중국 문헌에서 말하는 동이족은 광의의 한민족이라 하여 아주 틀린 말은 아닐 것이다.

고구려 · 옥저 · 읍루는 맥족이고, 부여는 예족이며, 삼한은 한족이다. 삼국시대 이후 예 · 맥 · 한이 민족상에 다소 분화가 발생한 것은 사실이지만 그 골간은 결국 예 · 맥 · 한으로 귀결된다. 예 · 맥 · 한 3족은 시대에 따라 9족이 되기도 하고 삼국이 되기도 하였으나 핵심을 이룬 것은 언제나 예 · 맥 · 한이었다.

한민족의 형성에 골간이 된 예 · 맥 · 한족은 중국의 『시경』 『논어』 『중용』 『맹자』 등에 그 기록이 보이는데 이들은 동북방에 살던 동북이(東北夷)로 표현되고 있다.

이들은 신석기시대 · 청동기시대를 거치면서 연산 남북과 난하 일대 요하 서쪽과 동쪽, 송화강 이남의 만주 일대로부터 한반도 중부 이북지역에 걸쳐 거주했다. 남한지역의 한족 역시 다만 지역차가 있을 뿐 실제 예맥과 뿌리가 같은 종족으로 보고 있다. 이들이 바로 한국사의 주인공인 한민족이다.

이들은 한 때 일제 식민사관의 영향으로 그 활동 무대가 압록강 이남에 국한된 것으로 인식해 왔다. 그러나 청동기시대 훨씬 이전부터 이들은 중국대륙의 동북지역에 토착민으로 거주하였고 활동 범위는 요하동쪽에 국한되지 않고 그보다 훨씬 서쪽인 하북성 북경 일대를 포함하였다. 구석기시대 · 신석기시대 · 청동기시대에 걸쳐서 황하문명을 앞지르는 선진문명이 이들에 의해 요하 유역에서 건설되었다. 그러다가 진 · 한 이후 한족의 동진 정책에 의해 난하 서쪽으로 활동 범위가 축소되었다.

중국 역사서에 보이는 예맥족과 한족이 바로 이 시대 이 지역의 주인공들이다. 이들 종족은 신석기시대에 요하 유역에서 국가 발생 전야의 홍산문화를 탄생시켰고, 청동기시대에 홍산문화를 발판으로 동아시아 최초의 국가 고조선을 건국했다.

뒤에 이들 세력은 삼국의 건국세력으로 고스란히 이어졌고 오늘의 한국은 바로 이들의 후손인 것이다. 여기서 우리는 중원의 황하문명을 능가하는 찬란한 요하문명을 탄생시킨 그 주역은 예맥족 및 한족이었고 그들이 바로 오늘의 우리 한민족이라는 결론에 도달하게 되는 것이다.

[주] 1) 杜金鵬, 『幽燕秘史』, 四川敎育出版社, 1966. p38~39.

2) "海東諸夷 句麗夫餘 馯貊之屬 武王克商 皆通道焉"

3) "王錫韓侯 其追其貊 奄受北國 因以其伯"

4) 『한서』 「고조본기」, 4년 8월.

10

중국 역사의 진정한 주인은 누구인가

■

■

■

1. 화하족을 정통이라 할 수 없다

　동아시아 역사를 좁혀 놓고 보면 동이족과 화하족의 투쟁과
결합의 역사로 귀결된다. 가령 하·상(夏商)시대는 동이가 강대
한 역량을 보유하여 화하족에게 위협적인 존재로 작용하던 시기
이고(諸夷猾夏), 서주·춘추시대는 화하족이 중심에 서서 동이에
지배권을 행사하던 시대이다(以夏變夷).
　전국시대는 진(秦)·초(楚)·연(燕)·제(齊)·한(韓)·위(魏)·조

(趙) 7국이 패권을 다투면서 동방의 동이와 서방의 화하가 공동체를 수립하던 시기라면, 진(秦)·한(漢) 제국은 동이와 화하의 공동체를 바탕으로 다원일체의 중화민족이 형성된 시기이다.

서방의 화하족과 동방의 동이족은 각자 뿌리가 다르다. 하지만 고대 사회에서 화하와 동이의 구분은 그다지 명확하지 않았다. 동방의 동이민족이 중원에 들어가면 화하가 되었고 중원의 화하민족이 동북지구로 나가면 마찬가지로 그 지역 민족으로 동화되었다(入夷則夷 入夏則夏).

그러므로 화하족과 동이족 사이의 차별은 절대적인 것이 아니었다. 그런데 화하와 동이가 차별화되고 그 구분이 고착된 것은 춘추시대 공자가 강조한 '존화양이(尊華攘夷)' 사상에 의해서이다. 공자 이후 화하가 중국의 정통이고 동이는 비정통이라는 인식이 굳어지게 되었다.

현대 중국의 역사교육 중에는 한족 중심의 중화대일통(中華大一統) 관념이 뿌리 깊게 박혀 있다. 습관적으로 한족사(漢族史)를 정사(正史)로 간주하고 기타 민족사를 열외로 취급한다. 이는 공자의 '존화양이' 사상의 영향에 기인한 바 크다.

그러나 시간적으로 볼 때 수천 년 중국 역사를 주도적으로 지배한 민족은 화하족이 아닌 동이민족이었다. 영토상으로 볼 때도 한·당·명 등의 한족이 개척한 영토보다 원·금·청과 같은 동북방 민족이 차지했던 땅이 훨씬 더 광활하다. 중국 대륙에 대한 시간적 지배나 공간적 지배에서 모두 동이에 뒤지는 화하족을 과연 중국의 정통세력이라고 말할 수 있는가?

그리고 문화의 역사에 대해 말한다면 상나라문화와 주나라문화는 그 기원이 각기 다르다. 상 문화는 동이에서 기원하고 주 문화는 화하에서 기원하였다. 중국사에서 대일통을 강조하여 하·상·주·진·한으로 이어지는 역사를 중국의 정사로 간주하고 기타의 동이·서융·남만·북적의 역사를 열외로 돌리지만, 엄격히 말하면 하·상·주·진·한은 본래 화하문화의 일맥상승의 관계가 아닌 동이와 화하의 서로 다른 문화의 정복과 탈취의 관계이다.

징기스칸

예를 들면 하는 화하, 상은 동이, 주는 화하, 진은 동이, 한은 다시 화하계에 속한다. 하·상·주 3대는 동양 정치의 이상적 모

당태종

델로 간주되지만 사실은 동이와 화하의 지배와 피지배의 역사인 것이다.

동이를 제외한 화하의 독립적 역사는 존재 자체가 불가능하다. 중국이 정통사로 주장하는 역사에 어차피 이처럼 화하와 동이의 역사가 혼재되어 있다. 특히 고대로 올라갈수록 화하와 동이의 구분은 불명확해진다. 따라서 화하는 정통이요, 동이는 비정통이라는 관념은 무의미한 것이다.

2. 동이민족은 중원을 통치했다

우리가 또 주목할 사항은
하 · 상 · 주가 중원지역에서
왕조를 건립하고 있을 당시
주변 민족들은 모두 미개하
고 낙후했던 것이 아니라 중
원에 못지않은 발전된 문화
를 소유하고 국가를 건설하
여 통치하였다는 점이다.

고조선 지도

이때 동북지역 요하 유역
에서는 예맥민족을 중심으로 동이 최초의 국가 고조선이 건립되
어 하 · 상 · 주 · 춘추 · 전국시대를 거치면서 중원과 역사 발전
을 함께 했다. 중원 지역에서 누차에 걸쳐 왕조가 뒤바뀌는 동안
고조선은 안정된 정치기반 위에서 2000년 동안 중단 없는 발전
을 계속했다.

그러다가 화하세력의 통일국가인 한 왕조의 등장과 함께 동
이국가 고조선은 쇠망을 고했다. 그러나 얼마 후 한 제국의 해
체와 동시에 주변의 동이 각 민족들은 다시 앞다투어 중원에 진
출하거나 동북지역을 차지하여 국가를 건립했다.

동이민족이 건립한 주요 국가로는 예맥족이 세운 부여 · 고구
려 · 백제 · 신라, 선비족이 세운 북조(북위), 거란족이 세운 요

선비산(鮮卑山)에 있는 석실(石室) 중원에 들어가 북위왕조를 세운 선비족들은 이곳을 그들의 발상지로 여긴다 오늘날의 대흥안령 동쪽에 있다.

나라, 여진족이 세운 금나라, 몽고족이 세운 원나라, 만주족이 세운 청나라 등을 들 수 있다.

이들 동북방의 동이민족들은 한 왕조 해체 이후 중원을 차지하고 한족을 통치하였다. 농경과 유목이 교차하는 연산(燕山) 남북 장성(長城)지대는 역대 동북문화 교류 중에서 교통의 요충과 관문 역할을 담당하였다. 동북방의 동이민족은 이 관문을 통과하여 태행산(太行山)을 따라 중원에 들어가 주인 노릇을 하였다. 다섯 호족이 중원을 혼란에 빠뜨렸다는 '오호난화(五胡亂華)'라는 말이 있는데 이는 한족의 입장에서 동이족을 폄하하여 한 말이다. 오호는 유목민족이지 야만인은 아니었다.

그들은 중국에 전란만이 아니라 북방민족의 활력이 충만한 기질과 기백을 함께 가져왔다. 그들은 중화민족에게 새로운 활력과 생명력을 불어넣었다. 대당 성세(大唐盛世)의 여러 가지 훌륭한 업적들은 사실 동북방 민족이 세운 북조로부터 기원한 것이 많다.

3. 중국 역사의 진정한 주인은 누구인가

우리가 중국 역사에서 동이족과 관련하여 또 하나 새롭게 인식해야 할 것이 있다. 그것은 오늘날 중국이 다민족 통일국가로 발돋움하는데 기여한 공로를 말한다면 중국 최후의 동이국가인 청 제국을 빼놓을 수 없다는 사실이다.

사실 명(明)나라 이후, 중국 동북지역은 '관동(關東)'이라는 새로운 명칭이 하나 더 생겼다. 이것은 하북과 요령이 만나는 교차지점에 세워진 '천하제일관(天下第一關)'인 산해관(山海關)의 동쪽이란 뜻이다. 오늘의 요령·길림·흑룡강성을 포괄하여 관동이라 범칭하기도 했다. 산해관을 통해서 안과 밖으로 나누어지기 때문에 관내·관외라는 별칭도 있다.

명태조 주원장

명 왕조는 북으로 몽고를 방어하고 동으로 여진을 견제하기 위해 건국 초기부터 장성에 대한 전면적인 정리 수리 작업에 착수했다. 홍무 14년(서기 1381) 발해 연안의 화북과 동북이 만나는 지점에 관성(關城) 즉, 지금의 산해관을 건립하여 여기에 산해위를 설치하고 군대를 파견해 수비하였다.

관성은 등 뒤로는 육중한 연산산맥을 의지하고 앞으로는 만경 창파의 발해와 마주해 있다. 산해관의 출현은 화북과 동북의 경 계선을 한층 더 명확히 하여 이로부터 화북과 동북 양대 구역의

천하제일관으로 불리는 산해관

천연적인 분계선이 형성되었다. 한족이 세운 명나라는 다민족 통일국가를 지향한 것이 아니라 그 반대인 화하와 동이의 경계 를 더욱 뚜렷이 하는데 주력했던 것이다.

청나라는 원래 동북지역 일각의 여진에서 기원한 만주족이 세 운 나라이다. 이 민족은 발전이 비교적 낙후된 동이민족 중 하나 였다. 여진인은 여러 차례의 합병과 재결합을 거친 끝에 심양 동 북쪽 신빈에서 후금국을 건립하여 기반을 닦았다. 누루하치가

청태조 누루하치　　　　청태종 황태극

청나라 태조·태종의 집무실

대대적인 합병전쟁을 진행했고 황태극시대인 1636년에 이르러 후금을 대청으로 고쳤다.

만·몽·한 3개의 팔기(八旗)를 세우고 중원에 들어가 주인이 되기 위한 정치·군사·문화·인재 각 방면의 충분한 준비를 하였다. 그리고 마침내 청 제국의 통일위업을 완성하였다. 이것은 진·한 제국 이후 동이민족이 중원에 들어가 건립한 새로운 차원의 제국이었다.

동북지역인 백산(白山)과 흑수(黑水) 사이에서 기원한 만주족은 어업과 수렵을 중심으로 생활하던 민족이다. 이들 민족은 천부적으로 국경개념이 없다. 함께 생존하는 자연계와 협조하여 일치관계를 유지한다. 이것이 어렵민족이 농경민족보다 우수한 장점이다.

따라서 만주족은 출발부터 앞만 보고 달리는 개척정신을 발휘했다. 민족관계를 처리함에 있어서도 그들은 장성 내외(長城內外)가 일가(一家), 즉 만리장성의 안과 밖이 한 집안이라고 과감하게 주장했다.

춘추시대의 '존화양이' 사상으로 시작된 동이와 화하의 구분은 진한 이후 북방의 초원민족과 중원의 농경민족을 나누기 위해 쌓은 방어선인 만리장성, 그리고 명나라에서 세운 산해관으로 인해 더욱 확고해졌다. 그러던 것을 청나라가 완전히 타개해 버렸다. 동이와 화하의 벽을 뛰어넘어 오늘의 중국이 다민족 통일국가로 우뚝 서게 한 데는 동이족인 청나라 만주족의 역할이 결정적인 작용을 하였던 것이다.

만리장성

그렇다면 오늘 중국 대륙의 진정한 주인은 누구인가. 과연 한족(漢族)을 가리켜 유일한 주역이라고 말할 수 있을 것인가. 그리고 조선족·만주족·몽고족을 비롯한 기타 소수민족은 오늘의 중국역사 건설과 전혀 무관한 방관자적 존재로 치부해도 될 것인가. 동이의 역사를 훼손 말살하기 위한 동북공정은 배은망덕의 극치라는 것을 중국은 각성해야 할 것이다.

청나라 자금성

중국의 동북공정과 한국의 대응방안

Ⅰ. 들어가는 말

지금 중국은 일찍이 지난 역사상에 전례가 없는 동북공정이라
는 프로젝트를 국책 사업으로 추진하고 있다. 동북공정은 그동
안 언론 매체를 타고 국내에 널리 보도되는 바람에 우리 국민에
게 아주 낯익은 술어가 되어 있다. 그러나 지금 중국이 동북공정
을 추진하게 된 배경과 또 그것을 추진하는 최후 목적이 무엇인
지를 아는 사람은 그리 많지 않다.

동북공정은 우리의 과거와 현재 그리고 다가오는 미래와 직결
된 문제이다. 이는 그야말로 국가와 민족의 명운을 좌우할 중대
한 사안이므로 그 실체를 정확히 파악하여 올바로 대처하는 일
이 절실히 필요하다.

본고는 먼저 중국의 동북공정은 어떻게 해서 추진되게 되었고
또 그것의 최종 목표는 무엇인지 검토해 보고자 한다. 그리고 한
국은 현재 이에 어떻게 대응하고 있는지 살펴보고 이어서 앞으
로는 여기에 어떻게 대응해야 할 것인지 그 바람직한 방안에 대
해 논의해 보고자 한다.

Ⅱ. 중국의 동북공정

1. 추진 배경

1) 소수민족 정책의 변화

중국이 지금 이 시점에서 동북공정을 추진하게 된 배경을 살펴보면, 소수민족 정책의 변화라는 차원에서 이해 할 수 있다. 중국 역사상의 소수민족 정책은 먼저 춘추시대 이후의 '존화양이(尊華攘夷)' 정책을 들 수 있다. 이는 중화의 화하족을 높이고 동방의 이민족인 동이족을 배척하는 정책이다.

진시황이 중원과 동북의 교차 지대인 난하 유역에 만리장성을 쌓아 동이민족의 중원 진출의 기회를 차단한 것이나, 명나라 때 만리장성의 출발지점에 산해관을 세워 산해관 서쪽을 관내, 동쪽을 관외라 하여 관내와 관외를 엄격히 구분하고 관외의 동이를 배척한 것 등은 바로 '존화양이(尊華攘夷)' 정책의 일환이었다.

그리고 중국이 역사상에서 시행한 또 하나의 소수민족 정책은 '이이제이(以夷制夷)'이다. 이는 처음부터 중국이 직접 동이민족의 견제에 참여하지 않고 먼저 동이족 자신들끼리 서로 싸우도록 이간질을 시킨 다음 둘이 다투다가 하나는 망하고 하나는 지치면 그때 중국이 취한다는 정책이다. 마치 두 마리 호랑이가 서로 싸우도록 만들어 한 마리는 죽고 한 마리는 상처를 입고 지쳐 있으면 그때 잡는다는 전략과 같은 것으로 수·당 이후 중국은 이런 소수 민족 정책을 즐겨 썼다.

예컨대, 같은 동이민족인 거란과 발해가 서로 싸우도록 부추기고, 발해를 멸망시키는 과정에서 거란의 국력이 또한 쇠진되자 중국이 그때 나서서 거란을 멸망시킨 방법과 같은 것이 그 하나의 좋은 실례라고 하겠다.

그런데 청나라가 동북지역 동이민족으로서 중원에 들어가 한(漢)족을 지배하면서, 이때부터 한족이 종래에 추진해 오던 이러한 '존화양이(尊華攘夷)'·'이이제이(以夷制夷)'와 같은 소수민족 정책은 폐기되고 다민족 통일국가를 지향했다.

현재의 중국은 청나라의 민족 정책을 계승하여 중원과 동북 관내와 관외의 구별이 없는 다민족 통일국가를 지향하고 있다. 중국이 청나라와 동일하게 다민족 통일국가를 지향하고 있지만 청나라는 한족을 소수민족의 하나로 포함시킨 만주족 중심의 다민족 통일국가를 지향한 반면, 현재의 중국은 한족 중심의 대중화주의적 입장에서 다민족 통일국가를 지향한다는 점에서 그 내용은 엄격히 다르다.

한족 중심의 다민족 통일국가를 지향하는 중국이 기존의 '존화양이(尊華攘夷)'·'이이제이(以夷制夷)'와 같은 소수민족 정책을 포기하고 대신 새로운 소수민족 전략으로 수립하여 추진하는 정책은 한마디로 요약하여 말하면 '화이동근(華夷同根)' 정책이다.

'화이동근' 정책이란 기존의 '존화양이'·'이이제이' 처럼 동이를 이민족시하여 배척하거나 견제하는 것이 아니라 아예 그들 민족을 화하족의 뿌리에서 갈려 나간 화하족의 소수민족으로 만들고, 그들의 민족이 세운 역대 국가는 독립국이 아닌 중국의 지방정권으로 간주하여 화하족의 범주 안에 포함 시키는 것이다.

따라서 '화이동근'은 중국의 소수민족 정책이 종래의 '존화양이'나 '이이제이' 정책에서 대폭 수성을 가하여 완전히 방향전환을 한 것을 의미한다.

중국은 1995년 치우의 본거지인 북경시 탁록에 귀근원(歸根苑)을 세우고 그 안에 중화문화 삼조당(三祖堂)을 지어 화하족의 시조 황제와 함께 치우를 묘만족의 시조, 염제를 동이족의 시조라 하여 좌상을 모셨다.

'귀근원'은 화하족만이 아니라 동이족과 묘만족도 한족과 뿌리가 같다는, 즉 '화이동근'이라는 소수민족 정책의 대전환을 극명하게 보여주는 좋은 사례라고 하겠다.

2) 왜 소수민족 정책에 변화를 가져오게 되었나

중국 역사는 결국 한족과 동이족의 지배와 피지배로 점철된 역사이다. 동북의 동이족이 중원에 진출하여 주도권을 장악하면 서방의 한족이 소수민족으로 전락하고, 서방의 화하족이 중원에 진출하여 정권을 잡으면 동북의 동이민족은 다시 소수민족으로 지위가 바뀌었다.

중원에 진출한 한 무제가 서북으로 오늘의 위구르지역에서 활동하던 흉노를 침략하여 서역도호부를 설치하고, 동으로 고조선을 멸망시켜 한사군을 설치하여 한 왕조를 반석 위에 올려놓았다. 그러나 한 왕조 해체 이후 위진 남북조시대를 거치면서 주변에 밀려나 있던 소수민족들이 다시 중원에 진출하여 한족을 지배하였다.

당나라시대에 오늘의 티베트·위구르지역에 있던 돌궐을 침략하여 농우도(隴右道)를 설치하고 동북지역에 있던 고구려를 멸망시켜 중국 영토에 편입시켰다. 그러나 얼마 후 당나라 세력이 약화되자 그 유민들은 다시 일어나 당나라에 대항했다.

역사적 경험에 비추어 볼 때 동이족의 국가나 정권을 탈취하고 멸망시키는 방법으로는 소수민족을 완전히 지배할 수 없다고 판단한 중국 공산당 정권은 소수민족의 역사와 문화를 중국에 귀속시키는, 다시 말하면 그들의 나라를 멸망시키던 종래의 방법에서 역사를 멸망시키는 방식을 채택한 것이며 여기서 소수민족 정책의 근본적인 방향 전환을 가져오게 된 것이다.

3) 수정된 소수민족 정책의 주요 내용은 무엇인가

그러면 종래의 '존화양이' 나 '이이제이'에서 '화이동근'으로 180도 방향 전환을 한 중국 소수민족 정책의 주요 핵심은 무엇인가. 그것은 대략 다음과 같은 세 가지로 정리 될 수 있다고 본다.

① 중국 경내의 모든 민족은 한(漢)족과 뿌리를 같이 하는 중국 민족으로 간주한다.

② 현재의 중국 영토 안에서 일어난 역사상의 모든 소수민족 국가는 독립 국가가 아니라 본래 중국의 지방정권이다.

③ 역대 소수민족 정권은 중국의 지방정권이므로 현재 그 후예들이 영토 주권을 행사하고 있는 지역이라 하더라도 아시아 대륙 안에 있는 모든 영토는 궁극적으로 중국 영토이다.

중국이 이미 시행을 마친 서남공정 · 서북공정과 지금 추진하는 동북공정 등은 바로 이러한 수정된 소수민족 정책의 기저 위에서 진행되는 것이라 하겠다.

4) 소수민족 정책의 일환인 동북공정은 어떻게 추진되고 있나

지난 1959년 중국이 티베트를 침공했다. 그리고 1986년부터 중국장학연구중심(中國藏學硏究中心)이 주축이 되어 티베트 역사를 중국 역사로 편입시키는 '서남공정'이 시작되었다. 이때 130여명의 연구 인력이 투입되어 10년 간에 걸쳐 서남공정이 진행되었다.

그런데 '서남공정'이 당시 중국의 최고 지도자였던 덩샤오핑 (鄧小平) 중국 군사위 주석의 직접 지시로 이루어진 것으로 알려져 있다. 뿐만 아니라 덩샤오핑은 그가 죽기 전에 "소수민족을 조심하라."는 유언을 남겼다.

덩샤오핑은 1997년 2월 19일 사망했다. 다른 언어에 비해 유언이 갖는 구속력은 훨씬 크다. 그가 죽음을 앞두고 남긴 유언을 어떤 방식으로든 정책으로 구체화시키기 위해 덩샤오핑의 후계자들은 지혜를 짜냈을 것이다.

따라서 서남공정 등 '화이동근'을 강조하는 새로운 소수민족 정책은 덩샤오핑의 아이디어가 확실하다. 덩샤오핑이 발의하고 장쩌민이 입안하여 추진하고 후진타오가 이를 계승하고 있다고 할 수 있다.

특히, 동북공정은 그것을 본격적으로 추진한 시점은 2002년 3월 1일 공표를 통해서이지만 그것의 작동 시점은 대략 덩샤오핑의 사망 시기와 일치한다고 할 때, 덩샤오핑의 유언이 동북공정 추진의 직접적인 배경이 되었다고 하겠다.

동북공정은 2002년 2월에 '동북 변경의 역사와 현상을 연구하는 공정'이라는 이름으로 출범하여 사회과학원 산하 변강사지 연구 중심에서 5개년 계획으로 추진하고 있으며 거의 마무리 단계에 와 있다.

2. 추진 목표

"지피지기(知彼知己)면 백전백승(百戰百勝)이라"는 말이 있다. 중국의 동북공정에 제대로 대응하기 위해서는 먼저 중국이 동북공정을 추진하는 최종 목표가 무엇인지 정확히 파악하는 일이 필요하다.

1) 중국 동북지역의 역사 주권 확보

중국이 5개년 계획을 통해서 동북공정을 추진하는 1차 목표는 '화이동근'이라는 슬로건 아래 중국 동북지역의 역사, 특히 한국사의 역사 주권을 중국사에 편입시켜 중국 역사로 바꾸는 것이다.

이 과정에서 수백 명의 학자를 동원하여 고조선·고구려·발해 등 한민족사의 역사 주권을 중국사에 귀속시키는 이론 작업이 진행되었으며 이제 그 작업이 마무리 단계에 있다.

2) 북한 붕괴 시 연고권 주장 및 통일 후 영토 분쟁에 대비

중국이 동북공정을 추진하는 2차 목표는 한국사를 중국사에 편입시키는 이론 작업을 완료하여, 그것을 바탕으로 북한 붕괴

시 연고권을 내세워 북한 영토를 중국에 귀속 시킬 수 있는 유리한 고지를 한국이나 미국에 비해 선점하고, 나아가 남북한이 통일 될 경우 발생할 소지를 안고 있는 영토 분쟁에 사전 대비하려는 것이다.

3) 한반도 영토의 중국으로의 통일을 위한 장기적인 포석

중국이 동북공정을 추진하는 최종 목표는 무엇인가? 동북공정의 최종 목표는 북한의 영토 주권을 확보하는데 그치지 않는다. 10년 후 세계 무대에서 미국의 발언권은 축소되고 중국의 영향력은 확대되어 한국의 위상이 크게 위축될 경우, 남한의 영토 주권을 중국에 귀속시키려는 데 있다.

한 무제가 고조선을 멸망시킨 뒤 그 영토를 한나라의 행정구역에 포함시켜 한사군으로 만든 것처럼 한반도를 중국의 행정구역에 귀속시켜 중국 22개 성 중의 하나로 포함 시키는 것이 중국이 추진하는 동북공정의 최종 목표이다.

중국은 동북공정의 목적에 대해 "국가통일 · 민족단결 · 변강안정의 목표에서 출발한다." 라고 공식적으로 표명했다. 동북공정의 제 1목표인 '국가통일' 이라는 관점에서 본다면 한국 영토의 중국 귀속이 동북공정의 최종 목표라는 논리는 결코 비약이 아닌 것이다.

Ⅲ. 한국의 대응 방안

1. 현재의 대응 현황

중국의 소수민족 정책이나 동북아 전략을 꿰뚫어야 동북공정에 대한 해답이 나올 수 있다. 그러나 현재 동북공정에 대한 한국의 대응 현황은 사건의 본질을 파악하지 못한 인상이 짙다. 정확한 좌표 설정이 없고 장기적인 대안도 마련되어 있지 않다. 한마디로 무대책·무대응으로 일관하고 있다고 해도 과언이 아니다.

그러는 사이 한국을 얕잡아 본 중국은 이제 동북공정·백두산 공정에 이어 이어도 문제까지 들고 나오는 상황이 되었다. 지금까지 동북공정에 대한 대응 현황을 살펴보면, 정부는 강온양면 전략을 구사하여 적절히 대처해야 함에도 중국의 눈치 보기에 급급한 나머지 제대로 된 반박성명 하나 발표하지 못했다.

학계는 핵심을 빗나간 대응으로 일관했다. 동북공정은 단순히 고구려사에 국한된 문제가 아니다. 그런데 동북공정 전문 대응 기구로 발족한 고구려연구재단은 그 명칭에서부터 한계를 드러냈다.

고구려연구재단에서 펴낸 『고조선·단군·부여』라는 책자에는 고조선을 기원전 3세기에 출발한 국가라고 썼다. 동북공정 반박 논리는 고사하고 식민사관적 논리를 되풀이 강조하여 국민들의 빈축을 샀다.

시민 사회의 대응은 어떤가? 언론에서 떠들면 반짝하다가 마는 차원이고 체계적인 대응이 없었다. 이는 한마디로 계란으로 바위치기(以卵投石)에 비유될 수 있다. 현재까지 한국의 동북공정에 대한 대응은 실패한 대응이었다고 말할 수 있다.

2. 향후의 대응 방안

학계는 동북공정의 대응 논리를 개발하고 정부는 대응 정책을 추진하고 시민사회는 대응운동을 전개하는 삼위일체의 유기적인 체계가 수립되어어 한다.

1) 학계의 대응 방안

(1) '고조선공정' 3개년 계획

한국사를 바로 세우지 않고 동북공정의 대응은 있을 수 없다. 고조선은 한국사의 뿌리인 동시에 동아시아 역사의 뿌리이다. 고조선을 바로 세우면 한국사 나아가 동아시아 역사가 바로 서게 된다.

그동안 고구려 연구재단을 설립하여 고구려에 대응의 초점을 맞춘 것은 핀트가 빗나간 것이다. 고조선을 바로 세우면 동북공정은 공격하지 않아도 저절로 무너지게 된다. (不攻自破)

■ '고조선공정'의 구체 방안

① 연구팀 구성: 한학자 30%, 30~40대 소장 역사학자 30%,건전한 재야 사학자 30%로 연구진용을 구성한다.

○ 고대사 자료는 모두 한문 원전으로 기록되어 있다.
그러나 국내 사학계에 한문 원전 자료를 소화할 역사 학자가 많지 않다. 따라서 인적 구성에서 한학자의 수혈이 불가피하다.
○ 60대 이상의 강단 사학자는 식민사관에 알게 모르게 젖어 있다. 동북공정은 많은 점에서 식민사관과 맥을 같이한다. 동북공정의 대응 논리를 개발하는 작업에 가능하면 참신한 신세대 역사 학자를 앞세우는 것이 좋다
○ 재야 사학자는 학술적인 기초가 약하다는 결함이 있다. 하지만 동북공정의 대응에는 올바른 자주적인 사관을 가진 학자의 참여가 불가피하다.

② 자료집 편찬: 한 · 중 · 일 3국에 흩어져 있는 한국 고대사 관련 자료를 조사 · 수집 · 정리 · 편찬한다.

○ 역사 전쟁은 결국 사료 전쟁이다. 가능한 한 많은 사료의 확

보가 필요하다. 일본의 황실 도서관에는 일제 강점기 그들이 몰래 훔쳐 간 많은 귀중한 한국 자료가 보관되어 있다는 정보가 있다. 그리고 중국의 북경 도서관을 위시한 동북 3성의 각 대학 도서관 등에는 조선조때 강제로 빼앗아 간 『고조선비사』, 『고구려유기』, 『백제서기』와 같은 한국 고대사 관련 귀중한 사료들이 보관 되어있을 가능성을 배제할 수 없다. 정부는 공식·비공식 채널을 통해 자료의 조사 수집에 적극 협조해야 한다.

○ 수집된 자료는 각 분야별로 분류 정리하여 『고조선사료대계』, 『부여사료대계』, 『삼한사료대계』, 『고구려사료대계』, 『발해사료대계』 등으로 묶어 편간하고 여기서 정수에 해당하는 내용 등을 골라 한글로 번역하여 『선역집』을 펴내야 한다.

③ 한국사 재정립·동북공정 반박 논리 개발

○ 기 간행된 자료집을 활용하여 새로운 시각으로 한국사를 재구성하고 동북공정 반박 논리를 개발한다. 예컨대, 동북공정 고구려 연구 과제 중의 다음과 같은 과제들에 대해 하나하나 대응 논리를 개발한다.

이대룡 "고구려는 고대 중국의 지방 민족 정권이다."

여 성 "고구려·고려 조선족을 혼동 할 수 없다."

양보융 "고씨 고려와 왕씨 고려는 두 개의 성격이 같지 않은 정권이다."

○ 대응 논리 참고 자료 별첨

① 심백강 "중국 사료에 나타난 동이 고조선의 실체"

② 심백강 "기자조선은 서주의 제후국이 아닌 독립국가 −사
　고전서를 중심으로−"

③ 심백강 "중국사서에 나타난 고조선과 고구려의 계승성"

④ 심백강 "고구려사가 중국사가 될 수 없는 7가지 이유"

⑤ 심백강 "중국 사료를 통해서 본 백제의 강역 − 대륙 영토
　를 중심으로 −"

(2) '동이공정' 3개년 계획

○ 『삼국지』 동이전에 나오는 동이족은 "부여 · 고구려 · 동옥
저 · 읍루 · 예 · 한 · 진한 · 변한 · 왜인"이다. 『수서』 동이전에는
고구려 · 백제 · 신라와 함께 말갈이 새롭게 등장한다. 『당서』 동
이전에는 거란 · 말갈과 함께 발해가 보인다.

그런데 읍루 · 물길 · 말갈은 숙신족의 시대에 따른 다른 명칭
이고 숙신은 조선의 다른 한자 표기이며, 거란은 동호족의 후예
이고 동호는 조선과 동일 계통 민족이며 발해는 고구려가 멸망
한 뒤 그 유민이 세운 나라다.

이런 점을 감안한다면 중국 문헌에서 말하는 동이족은 광의의
한민족이라 하여 아주 틀린 말은 아닐 것이다. 따라서 한민족사
는 동이사와 함께 다루어져야 하고 동이사는 중국사와 구별되어
야 한다.

그런데 우리는 그동안 동이를 우리와 무관한 이민족으로 생각

하여 이를 등한시해 왔다. '동이공정'을 통해서 동이사를 바로 세운다면 동북공정은 설 땅을 잃을 것이다.

○ 추진 방법 : 추진 방법은 '고조선공정'을 참고하면 될 것이다.

(3) '중원공정' 5개년 계획

○ 이 공정은 10년 후 중국이 한반도의 영토 주권을 주장할 것에 대비하기 위한 것이다. 시간적으로 볼 때 수천 년 중국 역사상에서 화하족이 주도적으로 지배한 역사보다 동이족이 지배한 역사가 더 길다.

공간적으로 볼 때도 한·당·명 등 한족이 중국 영토를 개척한 공간보다 원·금·청 등과 같은 동북방 민족이 차지했던 공간이 훨씬 더 광활하다. 중국 대륙에 대한 시간적 지배와 공간적 지배에서 모두 동이족에 뒤지는 화하족이 과연 중국의 정통세력이라고 말할 자격이 있는가.

'중원공정'을 통해 중국 역사의 진정한 주인은 한족이 아니라 동이족이라는 논리를 개발하여 10년 후 혹시라도 제기될지 모르는 한반도 영토 주권 중국 귀속 주장에 대비해야 한다.

○ 구체적인 추진 방법은 역시 '고조선공정'을 참고하면 될 것이다.

2) 정부의 대응 방안

(1) 학계가 새롭게 정립한 사관으로 국사교과서 내용을 개정한다.

(2) 우리민족의 자랑스러운 역사를 강조한 자주적인 국사교육을 강화한다.

(3) 학계가 개발한 동북공정 반박 논리를 국내외에 널리 홍보한다.

(4) 자주적 역사학자 그룹을 양성한다.

(5) 세계 동이민족 네트워크를 구축하여 한족문화에 대응할 동이문화를 활성화 시킨다.

3) 시민 사회의 대응 방안

(1) 동북공정 대책 시민협의회 결성

(2) 인터넷을 통한 국내외 대응 운동 전개

(3) 중국의 지도자들에게 항의 서한 발송

(4) 세계의 석학들에게 실상 공개 서한 발송

(5) 세계 소재 대학 연구소 · 박물관 · 도서관 · 방송사 · 포털 사이트 등에 동북공정 반박 자료 제공

Ⅳ. 맺는 말

한국은 1992년 중국과 수교하여 이제 금년이면 수교 15주년을 맞는다. 한·중 간의 교역 규모는 현재 2,000억 달러에 육박하고 있다. 그리고 중국은 한국과 가장 가까운 이웃으로 수 천년 동안 우호관계를 유지해 왔다.

따라서 역사적으로나 현실적으로 중국의 동북공정은 결코 감정적으로 가볍게 처리할 사안이 아니다. 동북공정의 슬기로운 대처 여부에 참여정부, 나아가 한국의 명운이 걸려 있다 해도 지나친 말이 아닐 것이다.

중국은 머지않아 한국사의 역사 주권을 중국사에 귀속시키는 작업을 마무리하게 된다. 이제 새로 조작된 역사 이론을 바탕으로 중국 내의 초·중·고 교과서로부터 대학 교재에 이르기까지 대대적인 수정 작업이 진행될 것이다. 다만 2008년 베이징 올림픽을 앞두고 있는 만큼 그 성공적인 개최를 위해 이러한 작업들은 2008년 이후로 미루어지거나 수면 아래에서 조용히 진행될 것이다.

그러나 2008년이 지나면 저들은 한국사는 중국사라는 논리를 기정사실화 하여 전 언론매체를 동원해서 국내외에 이를 널리 인식시키는데 총력을 기울일 것이다.

이제 참여정부는 1년 뒤면 그 대단원의 막을 내리게 된다. 국민의 부푼 기대 속에 출발한 참여정부의 지난 4년의 공과를 더듬어 보면 성과도 많았지만 한편 아쉬움도 적지 않았다.

이제 남은 1년을 어떻게 마무리 할 것인가. 모든 일은 시작과 끝이 중요하다. 특히 동양에서는 유종의 미를 강조한다. 앞으로 남은 1년을 어떻게 마무리하느냐에 따라서 참여정부에 대한 역사상의 평가가 결정될 것이다.

현 정부가 당장 해결해야 할 현안들이 산적해 있다. 북핵 문제 · 독도 문제 · 부동산 문제 · 수도 이전 문제 등이 그것이다. 그러나 국가와 민족의 과거 현재와 직결되고 또 미래가 걸린 중대한 문제로 동북공정을 능가할 사안은 없다고 생각한다.

중국은 소수민족 정책에서 '화이동근'이란 슬로건을 전면에 내걸고 "나라를 멸망시키기 보다는 역사를 멸망시키겠다.(滅國先滅其史)"는 전략을 추진하여 먼저 서남공정과 서북공정을 통해 티베트와 위구르의 역사를 말살하여 중국 역사에 귀속시켰다.

이제 중국은 다시 동북공정을 통해 한국사의 중국 귀속에 나서고 있다. 티베트와 한국의 차이점은 티베트는 먼저 영토 주권을 빼앗은 다음 역사 주권을 강탈한데 반해 한국은 먼저 역사 주권을 강탈한 후 이어서 영토 주권의 강탈을 노린다는 점이다.

티베트와 위구르가 한국의 전철이다. 중국이 서남공정과 서북공정을 통해 티베트와 위구르에 취한 조치들을 보면 앞으로 동북공정을 통해 중국이 한국에 대해 노리는 것이 무엇인지 명약관화하다.

오늘의 티베트는 돌궐족이고, 돌궐족은 흉노족의 후예이다. 고대 사회에서 중원의 한족에게 항상 짐이 된 민족은 서남 · 서북쪽에는 흉노족이 있었고, 동북쪽에는 조선족이 있었다.

그래서 한 무제는 서북쪽으로 흉노를 침략하고 동북쪽으로 고조선을 멸망시켰으며, 당태종과 고종은 서북쪽으로 돌궐을 침략하고, 동북쪽으로 고구려를 멸망시켰던 것이다.

중국 공산당 정권은 마오쩌둥이 진시황 이후 가장 거대한 중국을 성립시켰고 덩샤오핑이 다시 시장경제를 받아들여 비약적인 경제성장을 이룩하고 있다.

서남공정과 동북공정의 발의자 덩샤오핑은 이러한 거대한 중국의 기초 위에서 한 무제와 당태종이 구현한 이상을 오늘에 다시 실현하고자 꿈꾸었던 것은 아닐까.

국민이 원하는 소망을 이루어 주고 국민이 싫어하는 것은 제거하여, 국민과 더불어 애호와 증오(好惡)를 함께하는 지도자가 성공한다. 지금 온 국민은 한국사의 바른 정립과 중국 동북공정에 대한 강력한 대응을 간절히 바라고 있다.

노무현 대통령은 남은 임기 동안 민족 정체성 확립과 동북공정의 올바른 대응에 역량을 집중한다면 하락된 인기는 다시 상승되고 역사상 위대한 지도자로 평가받는 계기가 마련될 것이다.(국내 세미나에서 발표한 자료임)

참고 문헌

〈한국〉

1) 심백강, 『사고전서 경부중의 동이사료』, 민족문화연구원, 2003.

2) 심백강, 『사고전서 사부중의 동이사료』, 민족문화연구원, 2003.

3) 심백강, 『사고전서 자부중의 동이사료』, 민족문화연구원, 2003.

4) 심백강, 『사고전서 집부중의 동이사료』, 민족문화연구원, 2003.

5) 심백강, 『사고전서 중의 동이사료 해제』, 민족문화연구원, 2003.

6) 심백강, 『단군고기록 4종』, 민족문화연구원, 2002.

7) 심백강, 『기자고기록 선편』, 민족문화연구원, 2002.

8) 심백강, 『조선왕조실록 중의 백두산 관계자료』, 민족문화연구원, 2002

9) 심백강, 『사고전서 중의 단군사료』, 민족문화연구원, 2001.

10) 심백강, 『조선왕조실록 중의 단군사료』, 민족문화연구원, 2001.

11) 심백강, 『조선세기』, 민족문화연구원, 2001.

12) 심백강, 『조선왕조실록 중의 기자사료』, 민족문화연구원, 2001.

13) 신용하, 『한민족의 형성과 민족사회학』, 지식산업사, 2001.

14) 사회과학원역사연구소, 『조선전사1-5』, 과학 · 백과사전출판사, 1979.

15) 김용간외, 『조선고고학전서』, 과학 · 백과사전 종합출판사, 1990.

16) 이병도, 『삼국사기』, 을유문화사, 1980.

17) 변태섭, 『한국사총론』, 삼영사, 2005.

18) 李基東 · 李基白 (共著), 『韓國史講座』, 一潮閣, 2001.

19) 국사편찬위원회, 『한국사』, 국사편찬위원회, 2002.

20) 성삼제, 『고조선 사라진 역사』, 동아일보사, 2005.

21) 이만열, 『우리역사 5천년을 어떻게 볼 것인가』, 바다출판사, 2000.

22) 이석규, 김창현, 김송희, 김도환, 『한국의 역사와 문화』, 한양대학교 출판부, 2005.

23) 이형구, 『단군과 단군조선』, 살림터, 1995.

24) 윤내현, 『고조선 연구』, 일지사, 1999.

25) 李基白, 『한국고대사론』, 一潮閣, 1999.

26) 文定昌, 『古朝鮮史研究』, 한뿌리, 1993.

27) 이기백, 『한국사신론』, 일조각, 2005.

28) 역사편집실, 『단군과 고조선에 관한 연구론문집』, 사회과학출판사, 1994.

29) 國史編纂委員會, 『韓國史論』, 國史編纂委員會, 1986.

30) 金廷鶴, 『韓國上古史研究』, 범우사, 1991.

31) 손영종 외, 『조선통사』, 사회과학출판사, 1991.

32) 리지린, 『고조선연구』, 과학원출판사, 1963.

33) 김정배, 『고조선·단군·부여』, 고구려연구재단, 2004.

34) 이이화 한국사이야기, 『우리민족은 어떻게 형성되었나』, 한길사, 1998.

35) 서의식, 강봉룡, 『뿌리깊은 한국사 샘이깊은 이야기』, 솔, 2004.

36) 車基璧, 『일제의 한국식민통치』, 정음사, 1985.

37) 이병도, 『한국고대사 연구』, 박영사, 1987,

38) 이덕일, 『살아있는 한국사』, 휴머니스트, 2003.

38) 강인숙, '단군의 출생지에 대하여' 『단군과 고조선』, 살림터, 1999.

39) 김운태, 『일제제국주의의 한국통치』, 박영사, 1998.

〈중국〉

1)『欽定四庫全書』, 文淵閣本, 臺灣商務印書館.

2)李治亭 주편, 『東北通史』, 中州古籍出版社, 2003.

3)趙雲田 주편, 『北疆通史』, 中州古籍出版社, 2002.

4)潛明玉, 『中國古代神話與傳說』, 臺灣商務印書館, 2000.

5)杜金鵬, 『幽燕秘史』, 四川敎育出版社, 1996.

6)王壽南 주편, 『中國通史』, 五南圖書出版公社, 2002.

7)王彩梅, 『燕國簡史』, 紫禁城出版社, 2001.

8)夏自正 · 孫繼民, 『河北通史』, 河北人民出版社, 2000.

9)張豈之 주편, 『中國歷史-先秦卷-』, 高等敎育出版社, 2002

10)蘇秉崎, 『中國文明起原新探』, 三聯書店, 2001.

11)卜昭文, 『5000年前的神秘王國』, 新華出版社, 1991.

12)趙毅 · 趙軼峰 주편, 『中國古代史』, 高等敎育出版社, 2003.

13)王仲孚, 『中國上古史專題硏究』, 五南圖書出版公社, 민국85.

14)翦伯贊, 『中國史綱要』, 人民出版社, 1979.

15)翦伯贊 · 鄭天挺, 『中國通史參考資料』, 中華書局, 1984.

16)夏曾佑, 『中國古代史』, 三聯書局, 1955.

17)黃大受, 『中國史綱』, 世界書局, 민국49.

18)伍新福, 『中國苗族通史』, 貴州民族出版社, 1999.

19)林惠祥, 『中國民族史』, 臺灣商務印書館, 민국25.

20)印順, 『中國古代民族神話與文化之硏究』, 正聞出版社, 민국79.

21)文史知識編輯部, 『中國古代民族志』, 中華書局, 2004

22)文崇一, 『中國古文化』, 東大圖書公司, 민국79.

23)郭大順, 『追尋五帝』, 商務印書館, 2000.

24)孫靑松·賀福順, 『嘉祥漢代武氏墓群石刻』, 香港唯美出版公司, 2004.

25)李學勤, 『中國古代文明與國家形成硏究』, 知書房出版社, 2004.

26)李民·張國碩, 『夏商周三族源流探索』, 河南人民出版社, 1998.

27)俞偉超, 『古史的考古學探索』, 文物出版社, 2002.

28)林幹, 『東胡史』, 內蒙古人民出版社, 1989.

29)蔣智由, 『中國人種考』, 上海華通書局, 민국18.

30)孫文, 『三民主義』, '민족주의 제1장'.

31)曾松友, 『中國原始社會探求』, 臺灣商務印書館, 민국22.

32)沈長雲, 『中國史硏究』, 제2기, 1982.

33)傅斯年, 『전역사어언연구소집간』, 제2본, 제1분, 1930.

34)魏建震, 『河北學刊』, 제4기, 1992.

35)顧頡剛, '燕國曾遷汾水流域攷', 『責善豊 月刊』, 제5기, 1940.

36)徐益棠, 『金陵學報』, 3권 2기, 민국22.

37)屈萬里, 『商書今注今譯』, 臺灣商務印書館, 1979.

〈기타 참고차료〉

1)中國大百科全書出版社編輯部.『中國大百科全書』1・3,中國大百科全書出版社, 1992.

2)中國歷史博物館,『華夏文明史圖鑑』, 1~4, 朝華出版社, 2002.

3)中國社會科學院,『中國歷史地圖集』1~8, 中國地圖出版社, 1996.

4)趙春靑・秦文生,『原始社會-東方的曙光』,商務印書館, 2004.

이상의 도서들에서 사진 도판을 일부 전재하였음을 밝혀 둔다. 그리고 사진자료에 협조해준 이형석・권태균선생에게도 사의를 표한다

황하에서 한라까지

초판 1쇄 발행 2007년 3월 20일
초판 3쇄 발행 2007년 9월 15일

지은이 | 심 백 강
펴낸이 | 동 천
펴낸곳 | 참좋은세상

편집 · 교정 | 심연홍, 고정자, 정경윤
디자인 | 이현정
인쇄 | 동영인쇄(주)

출판등록 2003년 8월 5일
주소 | 서울시 마포구 합정동 369-14 해명빌딩 1층
전화 | (02)3673-2412, 3673-2413
팩스 | (02)3673-2415
홈페이지 ilhwa.or.kr

값 13,000원
ISBN 978-89-9091-706-5 03900

한겨레 신문

지금까지 낙랑군이 요서 지역에 설치돼 있었다는 주장은 꾸준히 나왔지만, 그 지역이 정확히 어디이고, 이름이 어디서 유래했는지를 밝혀주는 결정적 근거는 없었다.

심 원장은 이런 사실을 중국사회과학원이 발간한 〈중국역사지도집〉의 서한 시기 지명 등에서 확인했다면서 "이걸 밝히기는 강단과 재야, 남·북한 사학계를 통틀어 처음"이라고 밝혔다.

한국경제

요서지방의 대릉하 일대에서 중원의 황하문명에 앞선 홍산문화를 꽃피운 주체가 한민족이었고, 북경원인은 한족의 조상이 아니라 동이족의 조상이었으며 베이징은 동이족의 활동무대였으며, 요하문명권의 주역이 한민족이었다는 주장은 기존의 역사 인식에 신선한 충격으로 다가온다.

매일경제

기존에 알려진 동아시아 고대문명을 전면적으로 뜯어고치는 파격을 선보였다. 그러나 철저한 사료 고증을 바탕으로 객관성을 확보하는데 주력했다.

중앙일보

한국 고대사 연구의 주요 쟁점인 낙랑군(고조선 멸망후 한무제가 설치한 한 4군의 하나)의 위치가 평양의 대동강유역이 아닌 중국 동북부의 요서 지역이었다는 주장을 펼치고 있다.

조선일보

"홍산문화의 주역이 바로 한민족이었고, 낙랑군은 대동강이 아니라 요서 대릉하 부근에 있었다." 한학(漢學)에 정통한 저자(역사학 박사)는 문헌과 지도, 고고학 자료의 검증을 통해 '반도사관'의 틀을 깨는 한국고대사의 새로운 해석을 제시한다.